宮崎正弘

日本が全体主義に陥《おちい》る日

旧ソ連邦・衛星国
30カ国の真実

ビジネス社

全体主義の呪いは解けたか

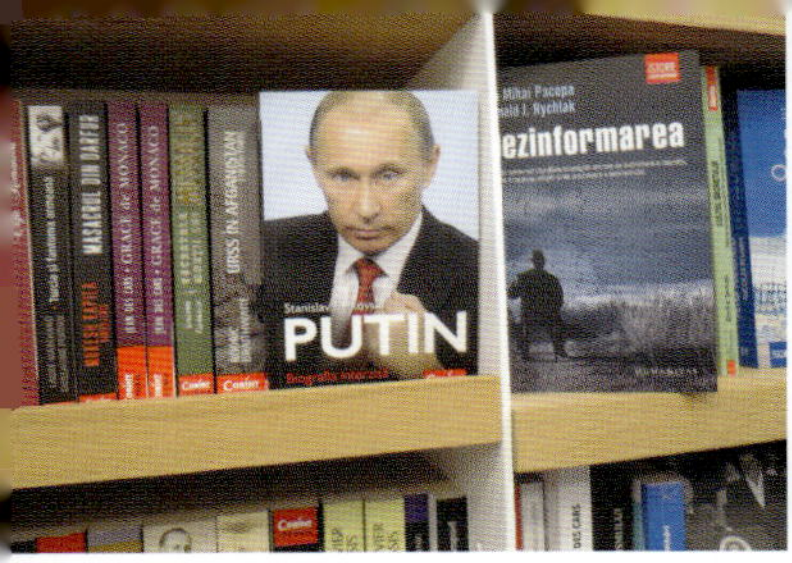

ブルガリアでもルーマニアでも書店が繁盛している。世界のベストセラー、古典が翻訳されているが、なんといっても目立つのはプーチンのものだ（ソフィア）

スターリングッズはジョージア土産の定番

スターリンはもっとも忌み嫌われるのに郷愁を感じる世代があるのか、シャツなど売られている。店員に聞くと「プーチンに次いで売れますね。改革派のゴルバチョフは過去の人」という（サンクトペテルブルグで）

馬鹿でかいレーニン像（ミンクス）

ウラジオ駅前のレーニン像

分断博物館には「鉄のカーテン撤去式典」の展示（スロベニア）

モルドバは旧ベッサラビアでルーマニアとの合邦が理想だが、国内にはロシア人が多い「沿ドニエステル自治区」があるため、暗い影に覆われ、屋台に並ぶのもブレジネフとか、レーニン時代のものばかり。自由化は遠い（モルドバの首都キシニウにて）

トルクメニスタンの独裁者だったニヤゾフ前大統領の金ピカ像が到る所に輝いている（首都のアシガバードにて）

チトーTシャツはサラエボだけで売られている

チャウシェスクをからかうポンチ絵が旧共産党本部ビルの前に飾られている。同ビル屋上からチャウシェスク夫妻はヘリコプターで逃げ、見つかって五分の裁判で銃殺された（ルーマニアの首都ブカレスト）

プラハのバー街。西尾幹二氏の『全体主義の呪い』で紹介されていたバー「黒い馬」を求めたが

ハンガリーのいたるところにはいかがわしいセックスショップがある。ソ連時代でも、ブダペストにはキャバレー「リド」「ムーランルージュ」があった。ブダペストはかつての「中欧のパリ」の面影を回復した（ハンガリー）

ミンクスのキオスクに並ぶ膨大な数の雑誌

ブカレストの雑踏
（ルーマニア）

ウクライナの内戦で犠牲となった人々を悼むテント村。カラー写真に犠牲者の名前が入っている（港町オデッサ）

ウラジオストクの裏街にある軍事用品街

「スナイパー通り」といわれたサラエボのメインストリートには、いまも銃撃で廃屋となった建物が残っている（ボスニア＆ヘルツェゴビナの首都）

ロシア少年は小さな時から軍国少年

「ソ連時代はホントによかったわよ」と勲章を胸一杯に飾り付けて、レーニン、スターリンを礼賛する老婆。周囲のロシア人はしらけ顔で聞いていたが抗議の気配はなかった

チェコの若い女性

クロアチア料理は肉が美味い

ウズベキスタンの主食は大きなパン

アゼルバイジャンの美女たち

ドライフルーツを売る老女（カフカス）

雑貨店の店番をするおばちゃん（トルクメニスタン）

元気いっぱいのマケドニアの子供たち

東方正教会系のキリスト像はアダムの頭蓋骨が置かれている

キリストの復活ならぬ「ユーロが空から降りてきた」とユーロに加盟できたバルト三国の悲願達成を記念した壁画。「ユーロ」が神々しい神の替わり司祭が握るのはドル紙幣だ（エストニアのレストランの壁画）

ブルガリアのリラの僧院の地獄絵

はじめに　ソ連崩壊から二五年

ソ連が崩壊し、一五の国々に分裂してから四半世紀を経過した。ソ連の衛星圏といわれた一五の国々もそれぞれが独自の道を歩み始めた。

そこで合計三〇ヶ国の現状がどうなったか、すべての国々を訪ねてみることにした。

レーガン政権が「悪の帝国」と呼んだ全体主義国家・ソ連が潰《つい》えたことは「西側、自由陣営の勝利」と称えられた。共産主義におさらばして、新生ロシアの誕生を横目に、まっ先にバルト三国（エストニア、ラトビア、リトアニア）が独立を果たした。

『ニューヨークタイムズ』（二〇一六年六月十四日）に拠れば旧ソ連の各地でレーニン像が破壊され、除去されているという。しかし二五年後、旧ソ連圏の国々の一部にはまだレーニン像が町のど真ん中に、あるいは駅前に周囲を睥睨《へいげい》するかのように残っている。ミンクスや極東ハバロフスク、ウラジオストクなどでは市庁舎前などに大きなレーニン像が屹立《きつりつ》している。

カザフスタンなどでは独立後の一九九二年にはやくも撤去作業が行われ、また激烈な反ロシア感情が拡がるウクライナでは西部全域でレーニン像はロープを掛けられて台座から引きずり降ろされた。立像のない台座に登って何も知らない子供の遊び場になっている。

レーニンの否定は共産主義の否定である。しかし地域によっては共産主義の残滓《ざんし》が色濃く専制政治を導き出した。たとえばカザフスタン、アゼルバイジャン、ウズベキスタン、トルクメニスタンは自由主義社会とはとても言えない状態である。トルクメニスタンでは、レーニン像の代わりにニヤゾフ前大統領の巨大で金ぴかの像が各地に建てられている。

対比的にバルト三国は西側自由主義に復帰し、自由選挙を何回も繰り返し、いまやNATOの重要メンバー、通貨もユーロである。

日本でも戦後七〇年以上を経て、やっとこさ「歴史の真実」が次々と明るみに出始めた。フーバー大統領はルーズベルトを「狂人」と呼んでいた事実が判明した。ようやくフーバー回想録の邦訳が日の眼を見た。

「ヴェノナ文書」はソ連コミンテルンのスパイたちの交信記録である。「一九四〇年から一九四四年にかけて、アメリカにいるソ連のスパイとソ連本国との暗号電文をアメリカ陸軍が密かに傍受し、一九四三年から一九八〇年までの長期にわたって国家安全保障局(NSA)がイギリス情報部と連携して解読した」(江崎道朗『アメリカ側から見た東京裁判史観の虚妄』祥伝社新書)。

ソ連が崩壊したことにより、この機密文書は一九九五年に公開された。「ヴェノナ文書」がもたらした衝撃は戦後の歴史観を根底的に覆すに足る内容を持つにもかかわらず日本の大手マスコミはいっさい報道しない。ばれたらまずいことが書かれているからである(「パナマ文書」とは性格も歴史的価値観も異なるが、ともかく「パナマ文書」の衝撃など小さくて目立たない)。

要は日本に戦争を仕掛けたルーズベルト政権にはコミンテルンのスパイがごろごろといて幹部の位置を占めており、不都合な情報はすべて握りつぶし、大統領をたぶらかして、なんとしても日米開戦へもって行く目的があった。「アメリカを使って日本をたたきつぶす」というのがコミンテルンの当初からの秘密の戦略だった。日米が消耗し、その隙《すき》をつけばシナ大陸は共産化し、東欧諸国もごっそりとソ連影響下にいただける。

ヤルタの密約でスターリンに騙《だま》されたルーズベルト、ワインを飲んでいたチャーチル。戦後、「中国と欧州を失ったのは誰か」と議論されたが、時すでに遅く、各地で共産主義独裁が成立していた。

体制批判者は粛清され、国民は党の命令に背けば刑務所か労働改造か、あるいは処刑が待っていた。このため多くの知識人が沈黙を余儀なくされた。世界中で数千万の無辜《むこ》の民、民主を求めて独裁と戦った知識人が消された。コミンテルンに呼応したアメリカにおけるソ連のスパイはルーズベルト政権の内部、それも政策決定権を持つレベルに浸透したばかりか、政党、マスコミ、教育界、労働組合に浸透した。キリスト教会、とりわけプロテスタント系にも、共産党と組んで偽装《ぎそう》組織を雨後の筍《たけのこ》のように増殖させた。YMCA、YWCAも工作され青年組織も根こそぎ共産党の「人民統一戦線」という戦術に騙されてしまった。

こうして日本もルーズベルトもコミンテルンの世紀の大陰謀に嵌《は》められた。

アルジャー・ヒスや、デクスター・ホワイトや、ノーマンがスパイであることはマッカーシー議員が強烈に暴いたが、左翼マスコミの妨害で変な結末をされてしまった。追及は中途半端に終わった。

こうした史観は、ニクソンの時代から言われていたし、戦前、駐米の日本大使館もその本質的な動きを知っていた。しかし日本はドイツと同盟していたため、偽造文書や攪乱《かくらん》、陽動情報によって操作され、日本は「軍国主義の悪魔」というコミンテルンの情報操作によって悪いイメージに仕立て上げられた。

もちろん米国の保守系知識人の中には、ちゃんと事態の危険性を把握していた一群の知識人、歴史家、政治家がいた。チャールズ・ビーアド博士の『ルーズベルトの責任』（藤原書店）は二〇一一年に翻訳され、ハミルトン・フィッシャーの『ルーズベルトの開戦責任』（草思社）はなんと二〇一五年になって、邦訳が出た。左翼マスコミはこれらの本を書評せず、黙殺する戦術で対応したもののネットを通じて真実が浸透している。

けっきょく、「ソ連は滅んだ。しかし、アジアでは、中国共産党政府と北朝鮮という二つの共産主義国家がアジアの平和と繁栄を脅かしている。そして、この二つの共産国家に呼応するかのように、世界中に張り巡らされた共産主義ネットワークがいまなお、暗躍している」（江崎前掲書）。

全体主義はソ連とか、中国とかという単位ではなく、「グローバリズム」とかの、巧妙な隠れ蓑《みの》を被って新しい蠢動《しゅんどう》を続けているのである。

このような状況の下でロシアのプーチン大統領が来日する。何が変わり、何が不変なのか、大いに興味が湧くところである。

筆者は中国の全三三省を隅々まで回った頃から次の取材対象を「中国を囲む国々」に切り替え、最初に「アセアン一〇ヶ国」＝フィリピン、マレーシア、タイ、ベトナム、シンガポール、ブルネイ、インドネシア、ミャンマー、ラオス、カンボジア）を一〇回にわけて取材した。次いで「インド経済圏」（インド、ネパール、ブータン、バングラデシュ、スリランカ）を五回に分けて取材し、ＴＰＰ加盟国の豪とカナダへも遠征した。これらの取材報告は月刊『エルネオス』と『共同ウィークリー』に三年にわたって連載し、過去の拙著に分散して加筆挿入してきた。

そして三年前から改めて着手したのが旧ソ連構成国すべてと「ソ連衛星圏」といわれた東欧の全三〇ヶ国を回るという取材目標を立てた。

バルト三国（エストニア、ラトビア、リトアニア）、ポーランド、ハンガリー、チェコ、スロバキアを手始めに、中央アジアのイスラム圏も取材した。鎖国政策をとるトルクメニスタンは「中央アジアの北朝鮮」といわれる謎の国、個人旅行が不可能なので団体旅行に紛れ込んだ。

スラブ三兄弟のウクライナ、ベラルーシ、そしてモルドバをやはり三回に分けて取材し、引き続き過去一年の間にルーマニア、ブルガリアと旧ユーゴスラビアの七ヶ国（スロベニア、クロアチア、セルビア、ボスニア&ヘルツェゴビナ、コソボ、モンテネグロ、マケドニア）、加えてアルバニア。旧ソ連邦ではないが、ソ連圏にあったモンゴルにも二回足を延ばした。これらの写真集は『歴史通』（二〇一六年十一月号）に組んでもらった。

まだ共産主義全体主義独裁の中国を、その周囲を囲む国々から眺め、加えて中国のかつての兄貴分であるソ連の衛星国がいまどうなっているかを探りたいと思ったからだ。

――はたして人々は全体主義の呪縛《じゅばく》から解かれたのか？

二〇一六年初冬　　宮崎正弘識

[カラーグラビア] 全体主義の呪いは解けたか Ⅱ

はじめに ソ連崩壊から二五年 1

プロローグ 全体主義と民主主義 11

第一部

第一章 プーチンのロシアで何が起きているのか 25

第二章 バルト三国（エストニア、ラトビア、リトアニア） 43

第三章 スラブの兄弟（ウクライナ、ベラルーシ）とモルドバ 61

第四章 南カフカス三ヶ国を往く（アゼルバイジャン、ジョージア、アルメニア） 93

第五章　中央アジアのイスラム五ヶ国
（ウズベク、カザフ、キルギス、タジク、トルクメニスタン）　113

第二部

第六章　ポーランド、チェコ、スロバキアそしてハンガリー　147
第七章　ドナウ川下流域
（ルーマニアとブルガリア）の明るさ　173
第八章　旧ユーゴスラビア七ヶ国
（スロベニア、クロアチア、セルビア、ボスニア、モンテネグロ、コソボ、マケドニア）とアルバニア　195
第九章　モンゴルの悲劇は終わっていない　241
エピローグ　むしろ全体主義に転落しそうなのは
日本ではないのか　263

写真：宮崎正弘

旧ソ連邦15ヶ国＋衛星国
15ヶ国の地図
ロシア
モンゴル
中国
太平洋
旧ソ連邦
旧ソ連衛星国
南シナ海
オーストラリア

北極海
エストニア
ラロビア
リトアニア
イギリス
ドイツ
ベラルーシ
ウクライナ
モルドバ
フランス
ジョージア
黒海
カザフスタン
ウズベキスタン
トルクメニスタン
地中海
アルメニア
アゼルバイジャン
イラン
タジキスタン
アルジェリア
エジプト
サウジアラビア
アラビア海
インド洋
ポーランド
チェコ
スロバキア
オーストラリア
ハンガリー
スロベニア
ルーマニア
クロアチア
ボスニア
ヘルツェゴビナ
ブルガリア
セルビア・
モンテネグロ
マケドニア
アルバニア

プロローグ

全体主義と民主主義

ウィーンの銀座
も難民の通り道
となった

寿司を握るロシア人の板前さん

プーチンの本は売れている（ルーマニア）

「民主主義」をはき違えていないか

日本政治の劣化は「デモクラシー」のはき違えから起きてきたように思える。「デモクラシー」とは誤解を恐れずに言えば「下剋上《げこくじょう》」のことである。「主義」がつくとイデオロギーになる。

アメリカの民主主義なるものは「投票箱選挙」を基軸にして「最大多数の最大幸福」だが、じつは聖徳太子以来、日本で民主主義は世界一早く実現されていた。アメリカでは「勝者がすべてを取る」(WINNER TAKES ALL)という少数派無視の政治スタイルが民主政治だから日本のような「和」は必要とされず、対立構造はいつまでも尾を引く。したがってデモラシーは「民主政治」と訳されるべきだろう。矢部貞治《ていじ》博士はこれを「民主政」と定義《ていぎ》した。

「国家の統治形態」を区分けするとアリストラシー(賢人政治)、ビューロクラシー(官僚政治)、そしてオートクラシーが「独裁政治」にあたる。卑弥呼《ひみこ》時代の神権政治は、「セオクラシー」(欧米のメディアはイランの政治をこう表現している)、ついでにいえば金権政治は「ティモクラシー」、愚民社会は「イディオクラシー」(ネオコンのロバート・ケーガンはこれを「マスクラシー」と定義したが)となる。

田中角栄以後、日本の政治は官僚政治から党人派政治となり、彼らには国家安全保障の根幹が稀薄《きはく》なため「介護」「待機児童」など枝葉の議論が優勢となった。「防衛」「憲法」「安全保障」は二の次であり、テレビの政治番組は目を覆うばかりに劣化し、背骨のないポピュリズムが蔓延《まんえん》し、声の大きい者、組織がバックにある者が当選しても理想を説く政治家は遠ざけられる。国家の基本は安全保障、つまり軍隊と警察の重要性がすっぽりと日本の政治議論から抜け落ちている。

政治家の役目とは理想と現実のギャップを一歩一歩埋めていくことだが、戦後日本は「理想」を喪失しており、国民も政治家にそれを求めなくなった。

聖徳太子もソクラテスもアリストテレスもいない日本では理想に邁進《まいしん》する政治家は疎《うと》んじられ、カネと現実のどぶ板選挙で濾過《ろか》された、ひ弱な人間が政《まつりごと》を司る。この現状にまっとうな政治を待ち望むことは絶望的かもしれない。

しかしそれでも全体主義よりマシな制度と言わなければならないだろう。

こうした考察に有益なヒントを与えてくれたのは映画「帰ってきたヒトラー」だった。

これはある意味で画期的な傑作、溢《あふ》れる諧謔《かいぎゃく》。現代ドイツ批判の皮肉をたっぷり染みこませた政治映画、一種のコメディでもある。

ヒトラーが自殺したことになっている地下壕《ごう》跡地で七〇年余の眠りからさめたという設定でヒトラーが町を歩く。少年たちは「このおじさん誰？」と誰も知らない。すれ違う人々はニヒルな笑い、薄気味悪い冷笑に囲まれながらスタバの画一的珈琲に文句を言わない庶民、臭うといわれた軍服を洗濯に出した先はベールを被ったイスラム女性。アーリア人の優秀さを説く者は一人もいない。

「そっくりさん」がいると知ったテレビ局のプロデューサは番組作りを思い浮かべ、テレビ番組のロケでドイツ全土を駆けめぐり、そしてヒトラーは文明が発達したが文化的に荒廃したドイツの現状を知るのだ。ドイツはなんという国に成り下がったのかとヒトラーは各地で演説して歩くのだが、みなはコメディ番組の隠し撮りと誤解し、サインをねだり、記念写真をとったり。「政治を掌握するのは活発なデブ女」（メルケル）、野党（民主社会党）はてんでだらしなく、保守を名乗るいくつかのミニ政党を回って議論するが、まったくヒトラーの『我が党争』も読んでおらず（そもそもドイツでは禁書だから読めないのだが）、そこに政治の偽物を嗅《か》ぎつける。「国土と環境を守れ」と言う「緑の党」にヒトラーはむしろ親しみを感じる。

このヒトラーを襲撃するのがネオナチの若者たちというのも皮肉である。テレビに出演し「そっくりさん」をやらされ演説をぶつが、内容は正論であり、そのスピーチは堂々としており、次の辛辣《しんらつ》な台詞《せりふ》を吐く。

「民主政治のもとで、私は選ばれた。私に責任があるというのなら、私を選んだ人たちはどうなるのか。自分たちの責任はどうなるのか」

誰一人答えられず、口でぶつぶつと不満を吐き捨てるだけ。「テレビは料理番組しかやっておらず、この国はいったいどうなったんだ」という主張には、多くのドイツ国民は反論できない。

なぜなら民族差別ととられる発言はできず、トルコ人の批判は封じ籠《こ》められ、移民の暴力に無力となった。どちらがおかしいのか。ユダヤ人問題は完全にタブーである。

番組で人気が沸騰し、ユーチューブは数百万が見た。誰もが不快感を抱かず、コメディアンの慧眼《けいがん》な批判を笑い飛ばすのだが、さてヒトラーは本物と見破ったのはテレビ局の有能な秘書の祖母であった。これを暗示する伏線が秘書のソファ脇の書棚にハヌカ（ユダヤ教を象徴する燭台《しょくだい》）の置物が置かれていたことで、筆者はこの場面を見たときに、「あ、このユダヤ人家庭が土壇場で何かやるな」と推測して後半を見たが、やはりそうだった。

全体主義が民主主義の隣に横たわっているという欧州の政治、誰も北朝鮮や中国の、ベトナムやラオスの、そしてスーダンやジンバブエの独裁政治を嗤《わら》えないのではないのか、と思ったのである。

バベルの塔のように瓦解したソ連

ソ連は一九八九年の冷戦終結直後、共産主義体制を支えたソ連共産党が、バベルの塔の崩壊のようにがらがらと大音立てて瓦解《がかい》し、九一年に中核部はロシアとなって新生した。

ソ連崩壊から四半世紀を閲《けみ》した。

そのロシアはいま、民主化にはほど遠いが、ソ連時代の一党独裁という暗黒は去った。強いて

プーチングッズはロシアで大人気

言えばプーチンのロシアは「強権政治」である。もしプーチンが独裁者なら中国の習近平《しゅうきんぺい》は超独裁者、金正恩《キムジョンウン》は超々独裁者になる。

　プーチンはサンクトペテルブルクに御殿を新築し「プーチン宮殿」をG20会場としてお披露目した。つまり彼は現代ロシアに君臨する「皇帝」である。

　プーチンを批判するマスコミは疎んぜられ、急先鋒《きゅうせんぽう》のジャーナリストの幾人かは殺害され、政治的ライバルは外国へ去るか、監獄か、さもなければネムツォフのように暗殺される。プーチン最大のライバルだったホドルコフスキーは冤《えん》罪《ざい》で獄中一〇年のあと、病気治療を名目に西欧へ去った。

　ソ連が末期的症状に陥った一九八九年に筆者は初めてロシアの地を踏み、ついで当時まだあった東ドイツを回った。その後、ロシアには一〇回近く通った。

　ソ連崩壊後、バルト三国（エストニア、ラトビア、リトアニア）がたちまちにして独立し、南カフカスの三ヶ国（アゼルバイジャン、グルジア（現・ジョージア）、アルメニア）と中央アジアのイスラム圏五ヶ国（カザフスタン、ウズベキスタン、タジキスタン、キルギス、トルクメニスタン）がのろのろと左右を見ながら独立し、「中央アジアの北朝鮮」と言われるトルクメニスタンを除いて、いずれも「民主化」されたことになった。

スラブ三兄弟の残り二ヶ国（ベラルーシ、ウクライナ）と「東側に留まる残留孤児」＝モルドバは前者がルカチェンコによる独裁政治、ウクライナはロシア寄りの東側がポロチェンコのすすめるEU加盟に反対し、独立も辞さない武力闘争に走った。

ロシアでしか手に入らないマトリョーシカ

そして旧ソ連のメンバーでもっとも日の当たらないモルドバも国内に「沿ドニエステル自治区」という未承認国家を抱えており、武力をともなう内紛が絶えない。政情が不安定、旧ソ連圏では最貧国に甘んじている。いや最近の情報ではモルドバはロシアの金持ちたちのマネーロンダリングの場所として活用されている。

まずバルト三国はキリスト教の民主政治に戻るのが迅速を極めた。筆者は一九九一年に一度、この三ヶ国を超特急で取材した。

自由を享受した時代を経験しており、制度変更に慌てなかったのも「ソ連以前」の歴史的な蓄積があるからだ。

アジアのイスラム圏はキルギスを除いて独裁政治のままで

ある。南カフカスのアルメニア、グルジアはやや民主化されたが、アゼルバイジャンはアリエフ大統領の二代にわたる半独裁体制に近い。

ベラルーシを除き、ウクライナならびにモルドバがロシア連邦からも離れ、要するにソ連は一五の共和国に分裂した。しかし日本のマスコミはソ連崩壊までは熱心に報道したが、それ以後はさほどの関心がなかった。

各国は独立後の夢をたのしそうに語り、経済繁栄がやってくると信じこみ、それぞれは独自通貨も発行し、俄《にわか》作りの憲法を制定し、市場経済を謳歌《おうか》して経済的に豊かになるはずだった。だが筆者が現場を最近再訪してまわった限り、市場経済はまだまだ軌道に乗ったとは言えない。

資本主義の市場確立へ試行錯誤が続いている一方で、エストニアのように選挙をスマホで行うという最先端の国もある。

旧ソ連圏の大反転

第二部で論じる「旧ソ連圏」の東欧ではポーランドもチェコとスロバキア、そしてハンガリーなど中欧諸国はソ連侵略前の時代に自由主義だった基盤があるため比較的円滑に市場経済システムを取り入れた。とくにポーランドの市場化は早かった。ブルガリアとルーマニアさえ予想外にうまく市場経済が機能し始めている。

ルーマニアの首都ブカレストにはスーパーに商品が溢《あふ》れ、資本主義先進国かとみまごうばかり。旧共産党本部前にはチャウシェスクをからかうポンチ絵が配置されていても、誰も注目しない時代を迎えていた。

「あの共産党独裁の怖さを思い出しませんか？」と訊《き》いてもルーマニアの若い世代は恐怖政治の経験がないので、西側の若者と変わらない自由な感覚を身につけている。

西側と徹底的に対峙《たいじ》したセルビアやボスニア&ヘルツェゴビナですら市場経済は強弱があるけれども現実に機能し始めているが、他方で、たとえば所得格差の拡大というような、大きな社会矛盾が露呈し始めている。この事実は中国、ロシアを比較する際に多角的な視点を運んでくれる。

旧共産党ビル前にあったチャウシェスクをからかうポンチ絵（ブカレスト）

おりから西欧はシリア内戦の不首尾、ＩＳの跳梁跋扈《ちょうりょうばっこ》による大量の難民問題で悲鳴を挙げていた。

夥《おびただ》しい難民はほとんどが経済的困窮者であり、たとえばドイツの実業界などが希望するエンジニアは少なく、治安が極度に悪化して悲痛な叫び声がはるか海を越えて私たちの耳元にまで届く。

ドイツを目指した一〇〇万人近い難民はおもにシリアからの「経済難民」だった。さすがのメルケル首相もドイツばかりが犠牲になるのは避けたいと他のEU加盟国に難民受け入れの枠組み作りを要請し、各国は反撥《はんぱつ》、これでEU全体の調和がぐらりと揺れた。

英国ではEU離脱の政治運動が活発化し、不法移民の排斥を訴えたドナルド・トランプのような拝外主義的な右派勢力はオランダでチェコでハンガリーでポーランドで政権の座に就いた。フランスでは国民戦線のル・ペンが大躍進し、ドイツでは一六年九月の地方選挙で「ドイツのための選択肢」が第一党に躍進し、メルケル与党は三位に転落した。イタリアでも保守政党が急進し、オーストリアでは政権奪取直前までの勢力に拡大した。アメリカでは大統領予備選で移民排斥を訴えたドナルド・トランプが大統領に当選した。

こうした大激変の最中、いったいこれらの国々では何がおきていたのか。そして全体主義の呪《のろ》いから真に解き放たれたのか？　人々は幸せを享受できているのか？

しかしもう一度問う。「全体主義」とはいったい何だろう？

それは自らが信じる絶対的な価値観しか認めず他者の考え方を否定し、排撃し、排斥する、一つの強固な考えかに基づいて全体を統一することだろう。敵対者には容赦がない。だからイデオロギー的な運動でいえば、共産主義も社会主義も全体主義であり、ヒトラーのナチスも、軍事独

ユダヤ人強制収容所のトイレ跡（アウシュビッツ収容所）

裁的なファシズムも、そしてキリスト教もイスラム教も一神教であるがゆえに全体主義なのである。

表現の自由、結社の自由、信仰の自由は認めず法治主義は名前だけの飾りになる。被支配者には正確な情報を与えない。

ユーラシア大陸は、地続きに繋《つな》がって古代から人々は移住し、移動し続けた。日頃は農作物が豊富で、水資源も豊かであるときは他民族と、あるいは異教徒と共存できても、食料が枯渇し、資源の限界が見えると、生存への恐怖が膨らんで心理恐慌からある日突然、隣人が殺人者にころりと変貌《へんぼう》する。中国の文革は隣人同士が密告し合い、殺し合い、旧ユーゴスラビアはイスラムと正教会系とが対立し、連邦が崩壊し始めるや否や、積年の怨念《おんねん》を晴らすかのように殺戮《さつりく》がエスカレートし、民族浄化（エスニック・クレンジング）が起きた。

歴史を振り返っても民族の大移動が興れば牧畜の糧を求めて、農地や資源地域の利権を求めて先住者を殺戮する。

古代文明はそうやって殺戮を繰り返し、十三世紀にはチンギス・ハーンがユーラシア大陸のほとんどを征服した。古代、野蛮人が侵入してローマ帝国が滅び、ギリシアが衰退し、神聖ローマ帝国が衰滅し、その後の兵器と運搬手段の急速な発展と変貌で、航海術が急発展し、ほかの大陸へも侵略者が押し寄せた。スペインとポルトガルは中南米を席巻し、インカ、マヤ文明を絶滅させた。ピューリタンは北米大陸を乗っ取り、先住インディアンを虐殺し、バッファローも絶滅へ追い込んだ。欧州列強の英独仏伊はアジアからアフリカ、そして豪を支配下に置き、植民政策で原住民を虐待し、搾取を繰り返したが、どうしても侵略できない国が日本だった。そこで日本に戦争を仕掛けたのが米国、その背後で嗾《けしか》けたのが英国、日本を巻き込むことで漁夫の利を得たのが中国共産党、そして濡《ぬ》れ手の粟を摑《つか》んだのがソ連だった。こうしたパターンがまた繰り返されないという保証はどこにもない。

全体主義とはけっきょく、イデオロギーであり、一神教（宗教）であり、排外的ナショナリズムの狂気であり、生存への不安、焦燥、恐怖がある日、飢えや死から逃れようとして、狂気の行動を取るのだ。一九一七年のロシア革命、一九四九年の中国共産革命は大量の流血をともなって全体主義国家を産んだ。

その影響はソ連の衛星国（東欧、モンゴルなど）と中国共産党の衛星国（ラオス、カンボジア）などを産んだ。そして全体主義＝共産主義の悪性ウイルスは世界にばらまかれ、あちこちに愚行が繰り返され、悲劇を産む一方で、植民と経営に失敗した欧米列強は、皮肉にも被植民地からの移民を大量に受け入れ、ナショナル・アイデンティティ喪失の危機にさらされ、歴史の報復を受けている。

この点で日本は海洋国家であり、単一民族であり、多神教であるがゆえにユーラシアが体験した全体主義とは無縁でいられた、歴史の僥倖《ぎょうこう》に恵まれたとも言える。

しかし、一度は破産したはずの共産主義あるいは社会主義運動が、ソ連崩壊以後は「グローバリズム」の隠れ蓑に本質を隠して、世界をグローバリズムという一神教的思考で統一しようとした。そうだ、クローバリズムという妖怪《ようかい》も一種全体主義的である。

その破産が世界中で現れ、米国にトランプ現象、英国のＥＵ離脱、ドイツの新党運動も、いやイタリアもオランダもフランスも政権与党を窮地に追い込むか、敗北させている。これが現代世界である。

全体主義との戦いはまだまだ続くのである。

全体主義国家からの転換、成功組、失敗組星取り表

国名	政治体制	市場経済	言論の自由	国民の生活水準
ロシア	▼	□	▼	耐えられる生活
エストニア	◎	○	○	ほどほど
ラトビア	○	□	□	苦しい
リトアニア	◎	○	○	ほどほど
ウクライナ	▼	▼	○	地域差が顕著
ベラルーシ	■	□	▼	同上
モルドバ	□	○	□	困窮している
ウズベキスタン	▼	▼	▼	同上
カザフスタン	▼	▼	▼	やや改善された
キルギス	○	▼	○	産業がない
タジキスタン	■	■	■	同上
トルクメニスタン	■	○	■	豊かな暮らし
アゼルバイジャン	▼	○	■	やや豊か
アルメニア	○	○	□	困窮している
ジョージア	○	○	○	やや改善方向
ポーランド	◎	○	◎	豊かになった
チェコ	◎	○	◎	同上
スロバキア	◎	◎	◎	暮らし向き向上
ハンガリー	◎	□	○	困窮
ブルガリア	○	□	○	やや困窮
ルーマニア	○	○	○	暮らし向き向上
スロベニア	◎	◎	◎	暮らしは豊か
クロアチア	○	□	□	やや改善傾向
セルビア	□	▼	▼	困窮
ボスニア	▼	□	▼	同上
モンテネグロ	○	▼	○	やや改善中
コソボ	○	▼	○	人口少なくて計測不能
マケドニア	○	○	○	やや改善された
アルバニア	○	▼	▼	困窮
モンゴル	○	○	○	困窮から脱出した

(◎優　○良　□可　▼不可　■最悪。評価は全て筆者の主観的判断によります)

第一部●旧ソ連の国々

第一章 プーチンのロシアで何が起きているのか

ハバロフスクの中央広場前に立つレーニン像

ピョートル大帝とエカテリーナ女帝のモデル
（サンクトペテルブルクのイサク寺院の前で）

スターリングッズも人気がある（ジョージア）

ウラジオストク開発の大号令

モスクワやサンクトペテルブルクの街を歩くと、人々の表情は穏やかになった。共産主義者特有の猜疑《さいぎ》の目はなく、デパートもスーパーも品揃えに見劣りはあるとはいえ、物資は溢れかえっている。かつては特権階級だけが買い物をした「ドルショップ」が庶民に開放されたという感じでもある。

ロシアに残るソ連時代の面影といえば、いかめしい建物くらいで、ずいぶんと市場経済が浸透し繁栄していることが目撃できる。書店を覗《のぞ》くと出版物も豊富で西側の情報も容易に入手できる。テレビを見ればアメリカのロック音楽、京都、北京、イスタンブールなどの旅番組。全体主義の陰湿な影は消えている。

二〇一六年九月二日、政府専用機は安倍首相一行を乗せてロシア極東ウラジオストクに降り立った。この空港は新しく作られたもので市内まで一時間以上もかかる。

安倍・プーチン会談はじつに一四回目。すっかり息の合う二人は北方領土、平和条約そして日露経済協力の具体化などを積極的に話し合った。席上、年末にプーチン大統領の来日が決まった。

ウラジオストクで開催された「東方経済フォーラム」への参加という形で安倍首相は演説も行

い、日本から随行した実業界代表とも話し合いを持った。会議場は極東シベリアに分散した四つの大学を合併してできた「ロシア極東連合大学」である。このキャンパスの中に国際会議場、そして迎賓館もある。

プーチンの肝いりで設立した極東連合大学（ウラジオストク）

無人島だったルースキー島の原始林を伐採して道路を作り、APEC会場として急ピッチで開発した場所に大学町を作ったのだ。いまや学生数四万人、ハイウェイが旧市内とを繋ぎ、筆者は「建設前」と「建設後」を取材しているので、その激甚な発展ぶりには度肝を抜かれた。

プーチンが「ウラジオ開発」の大号令を掛けたからである。

ウラジオストクのことを日本では戦前、「浦塩」と書いた。日清戦争以後、反日分子の拠点ともなった。安重根《アンジュングン》はこの地に潜んで伊藤博文のハルビン入りを知り、暗殺を思い立った。ウラジオストクはもともと清朝《しんちょう》領、それをロシアが奪ったわけで、中国ではウラジオストクとは言わず「海参威」と書く。地図にもそう表記されている。いつの日か、ロシアから取り返そうという野心が籠められている。

七年前に行ったおり、日本は真夏だったがウラジオストクは晩秋の気配漂い、寒いくらいで半袖では過ごせない。当時は新潟からの便しかなく到着が夜になった。ホテルへチェックイン後、夜食をとろうと「七人のサムライ」という店へ入った。

ロシアで一番有名な日本人は黒澤明と村上春樹だそうで、夜中でも客がちらほらいる。天ぷらも寿司もあったが、味はまずくて値段は東京並み。付近には二四時間営業のバー、ディスコ。日本語のカラオケ、軍歌が歌えて面食らった。しかもとびっきりのロシア美女が陪席し、日本語をしゃべるのである。いったい、あの「共産主義」はどこへ消えたのか、という感じなのだ。

町を走っていたクルマの九五％が日本車、それも中古車だった。「天城の納豆」とか「ペンキはXX工務店」とか、看板がそのままの中古車。「北方領土を返せ」という右翼の街宣中古車をハバロフスクで見たことがある。

当時、ロシア人の中古車買い出しは一大ビジネスだった。小樽《おたる》、稚内《わっかない》、秋田、新潟、金沢、舞鶴、境港《さかいみなと》などが業者のメッカ、なんでも積んで帰れば売れるから関係業者はウハウハだった。二〇一一年にプーチンが日本から中古車輸入を事実上禁止した。爾来《じらい》、中古車はウラジオでもナホトカでもハバロフスクでも見かけなくなり、二〇一五年に再訪したときは新車ばかりだった。

ナホトカにはチャイナタウンがあった。中華門の傍で焼き鳥を焼いている中年男に「中国人か？」と訊くと「そうだ」。「商売はどう？」「うぅん。最悪に近いな」。「中国人をほとんど見かけないが？」「そうさ、北朝鮮、キルギス、ウズベキスタン、そしてアゼルバイジャンからの安い労働力に奪われ、ほとんどの中国人は帰ったよ」と意外なことを言う。

ナホトカではピラミッドのかたちのホテルに宿泊したが内部は民宿に近い。地下のレストランは客も疎らで、ウラジオストクの繁栄ぶりに比べると天地の開きがある（ただしレストランの味は美味かった）。

ロシアのカラオケバーには美女が

ナホトカの町を歩いている女性のセンスも田舎風で流行遅れ、所得格差が歴然としており市内唯一のデパート「グム」を見学して品数の貧弱さに唖然《あぜん》とする。一〇年以上ほこりをかぶったままのカーペットなどが飾られているだけ。書店は絵本と通俗小説くらいしかない。

二〇〇六年に五二四人の遺骨が収容され、慰霊祭も行ったというナホトカの日本人墓地は台座が毀《こわ》され荒れ果てていた。慰霊祭が終われば草ぼうぼう、日本人墓地の標識は落書き、おそらく大理石だった台座を付近の住民がインテリアの飾りに使うのか、ほとんど盗まれていた。まるでハゲタカの被害にあったような荒廃ぶりである。

一方、ウラジオストクの日本人墓地は立派で、墓園の入り口には花屋もあったけれども、「日ロ友好」の壁が虚し

墓標の大理石が盗まれた日本人墓地（ナホトカ）

い気がした。

アジア太平洋の時代と騒がれて、ロシアが極東開発へ重い舵取《かじと》りを決定したのはプーチン政権からである。

モスクワから見れば極東におけるロシア人の減少は憂鬱《ゆううつ》な問題であり、しかもロシア人減少とは逆に中国人、朝鮮人、モンゴル人の入植が増えていて、これが極東在住ロシア人の危機意識を高めたのだ。

すべてはウラジオAPECから始まった

二〇一二年、ウラジオストクでAPEC首脳会議が開催された。プーチン政権は正式に三九億ドルの投資を決めウラジオ空港の拡充と港湾整備、次にアルミ精錬所プロジェクトの実現、原子炉建設、さらに石油備蓄基地。ルースキー島へは長い吊り橋が二本架けられ、トンネルも掘られ、両岸には欧米系の有名ホテルが軒を競うようになっていた。

展望台に登ると、岸の波止場に大型客船が見えた。

「あれは日本の鳥取県と結んでいます」と若い女性ガイドが説明した。彼女は日本留学組で日本のタレントの名前をよく知っていた。キムタクとか、宇多田とか、嵐とか。

高台からウラジオ市を展望

近代化著しいウラジオの新空港

二〇一五年九月四日にもプーチン大統領がウラジオストクを再訪した。しかし過去数年、原油価格大暴落のためビジネスが予想外に低調となり、国際的ビジネスの規模も縮小した。トヨタは工場を閉鎖し、スズキの合弁組み立て工場が残るのみ。撮影に行ったところ周辺は貧民街だった。工事現場の労働者はロシア人ではなく、北朝鮮やウズベキスタン、タジキスタンなどからの出稼ぎが主流だった。プーチンが改めて極東開発に大号令をかけ直した背景には経済の低迷と西側の制裁によりロシア投資が激減したことから発展の目標地域を東方へ移転させたからだ。

ウラジオストクの在留邦人は少なく、しかし観光客が多いため本格的な日本レストランは三軒ある。まがいものの寿司バーは数え切れないが、やはり中国料理の数が多く、副都心には中国工商銀行の大型店舗が開設されている。その裏手の海岸はヨットハーバーで、付近には高級マンションが夥しく建っていた。日本語センターは「鳥取県文化交流センター」となっており、フロアの半分は、なんと孔子学院だ。しかも習近平がこの地を訪問した写真が大きく飾られていた。

日本企業は奮わず、隙間《すきま》を縫って中国の勢いよい再進出ぶり。そういえば目抜き通りのホコテンは、中国人観光客だらけ。しかし「爆買い」しようにも土産品は限られていて店員らは手持ち無沙汰《ぶさた》の様子だった。

ウラジオストクの天気は晴れていたかと思うと急に小雨交じりの寒風、夜は冷える。二四時間営業のスーパーは市内に三軒しかなく、物資は限定的である。つまり土産を買おうにもチョコレートくらいで中華料理レストランや、ベトナム料理にも入ってみたが、いずれも閑古鳥。対照的に若者向けのブティック・カフェなどが混み合っていた。

プーチンの思考回路は反EU、反米というより反グローバリズムである。

グローバリズムの波が世界を覆い尽くそうとしているときに米大統領選挙では共和党からTPP反対を訴えるトランプが出現し、英国はEUから離脱する。言葉を換えて言えば、これは反グローバリズム、そして反「多文化主義」の流れである。

ロシアの文化への執着、その愛国心へのこだわりはトルストイやソルジェニーツィンを読むと歴然となるように外国文化を極度に嫌う伝統がある。

高級住宅地に中国銀行が進出（ウラジオストク）

ミルトン・フリードマンといえば、シカゴ学派の総帥、ユダヤ人ゆえに「国家」を「悪」と考えた。フリードマンはあらゆる規制緩和をなくし市場を自由にせしめ、つまり国家、制度を取り払えと主張する「マネタリズム」を唱えた。この学派が唱えたのが新自由主義という名の、おそるべき新型の金融万能、自由市場礼讃の思想だった。

ハンガリーから逃れてきたユダヤ人の末裔《まつえい》、ミルトンはスターリンの、そしてヒトラー治下のユダヤ人がいかような苦しみにあったのかを原点に、国家とか制度を恨み、金融こそが万能であり、カネを稼げる場であれば、何でもやっても良いという、倫理性を欠落させた国境無きメカニズムの確立を説いた。

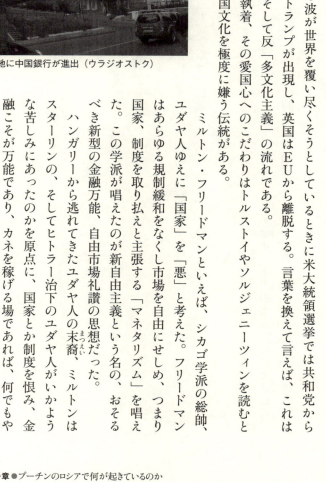

その亜流が世界に蔓延させたのが新自由主義であり、これを日本で咀嚼《そしゃく》もせずに「ボーダーレス」とか「地球市民」などと新造語を並べ、国家の基本をずたずたにしたのが小泉政権だった。憲法改正がままならないように、日本のメディアではある日を節目に一斉にTPP推進論がまかり通った。

ロシアはこうした動きに正反対の立場だ。

ドイツの場合は論壇にタブーがある。

「ホロコーストの唯一性を前提にすると、ドイツと比較して日本の謝罪が不十分であるというような議論は、瀆神《とくしん》行為とすらいえる。なぜなら、ホロコーストと日本の通例の戦争犯罪を並べることは、比較を絶するはずの絶対悪を相対化することを意味するからだ。実際、連合軍の戦争犯罪や非人道的行為とナチスのユダヤ人迫害を比較し、相対化することはホロコーストを『無害化』するとして、ドイツでは厳しく批判される。他の欧州諸国や米国でも同様である」（中略）「法律に名を借りて国家権力で異なる歴史認識を圧殺しようという動きはホロコーストに限らない」（福井義高『日本人が知らない最先端の世界史』祥伝社）。

その例はフランスなどで拡大するトルコのアルメニア虐殺論争だが、「論点は虐殺の有無ではなく、（オスマントルコ）帝国政府による国策としてのジェノサイドを主張するアルメニアに対して、戦時中の軍事的必要性に基づく強制移住の過程にともなう不祥事というのがトルコの立場である」。

しかし歴史論争として、これらは修正主義の名において国際主義者、左翼ジャーナリズムから激しく糾弾されるのだ。

「冷戦後の共産主義『無力化』には冷戦期、ソ連共産主義に宥和《ゆうわ》的であった多くの欧州知識人の自己保身という現実的動機」もある。だが、実態としてその裏にもっと大きなすり替えの動きが起きている。典型が「多文化主義」という面妖な、新時代の化粧を施した、共産主義運動の隠れ蓑である。

米国では「多文化主義は、黒人の存在と密接に関連しており、奴隷の子孫に対する白人の贖罪《しょくざい》意識がその背景にある。一方、欧州では旧ユーゴスラビアを除き、ほとんど白人キリスト教徒しかいなかったのに、多文化共生を国民に強制するかのように、欧州各国の政府は、冷戦終結直後から、第三世界とくにイスラム圏からの大量移民受け入れを拡大し、その勢いは止まらないどころか、むしろ加速している。ポストマルクス主義左翼の知的覇権下、欧州国民の大多数が反対する大量移民受け入れを維持推進するためには、ヘイトスピーチ規制に名を借りた、国家による言論の統制が不可避なことは容易に理解できる」。

つまり大衆を煽動《せんどう》する新しい道具であり、「反多文化主義＝ファシズムというわかりやすい図式を提供することになるのである」と本質をえぐり出す。

ソルジェニーツィンを見よ、と福井氏は続ける。「ソ連圧政に抵抗する自由の闘士として、欧米で英雄視されたソルジェニーツィンは、冷戦が終わると、多文化主義とは真っ向から対立する、そのロシア民族主義ゆえ、逆に欧米知識人の批判の対象となった」（以上の引用は福井前掲書）。

いま日本に輸入された、面妖なイズム「多文化主義」の本質がずばりえぐられている。

プーチンのロシアは、こうしたグローバリズムと多元的文化主義に激しく反撥し、ナショナリズムに訴えれば訴えるほど国民の支持が強まるのである。

シリア空爆でロシアは失地回復

ウクライナ問題で英米、EU諸国から「経済制裁」を科せられたロシアはしばし精彩を欠いた。

ところが二〇一五年秋のシリアへの空爆参加以後、電光石火の外交攻勢を強めて、プーチンはまたまた国内でも人気を高めたばかりか周辺諸国のロシア接近が顕著となった。

南シナ海に大乱の兆しがあるばかりか、米国では「アメリカファースト」を獅子吼《しく》するトランプが共和党の大統領候補に正式に撰ばれ、TPP反対、グラス・スティーガル法復活、メキシコとの国境の壁を作りイスラム不法移民の排撃など「反グローバリズム」を掲げた。

これはオバマ政治の否定である。

また政敵ヒラリー・クリントン女史への攻撃はもっと凄《すさ》まじく、彼女の国務長官時代から「死、破壊、テロリズム、衰弱」が始まったのだと非難し、ニクソンのような「法と秩序」の恢復《かいふく》を力説した。

時代は冷戦構造にもどりそうな気配で、予期せぬ出来事の嚆矢《こうし》は英国のEU離脱だった。このことで弾みがついた全欧の保守政党は大躍進を遂げ、リベラル派が集まるEU議会を困惑させている。つまり移民排斥というナショナリズムの勃興《ぼっこう》が続き、他方でトルコは近代化路線の軍事クーデターが失敗して、むしろエルドアンのトルコは独裁的なイスラム化路線に復帰しようと西側に背を向けた。

このような背景を踏まえ、二〇一六年八月九日にエルドアン大統領はロシアへ飛んでプーチンと握手し、お互いの経済制裁を解除した。

トルコは経済構造をEUならびに西側に依存しており、ガス、石油がロシア、カフカス、イランに依存するという構造なのである。外貨の稼ぎ頭は観光、ついでEU諸国がトルコに進出しての製造業だ。その観光がISのテロで壊滅状態（ドイツから年間四〇〇万、ロシアから三〇〇万、日本からも年間一五万人ほどがツアーを組んできたが、近年日本からの団体客はゼロに近い）。背に腹は代えられず、エルドアンはプーチンとの蜜月を演出せざるを得なかったのである。

国際政治においてロシアの力が侮れないことを世界は改めて認識した。リアル・ポリティックスとは、過去の敵を簡単に忘れさせ、敵対関係を突如蒸発させる。

これまで円滑化していたEU諸国内のドイツとの宥和は、一瞬にしてメルケル批判に転じた。しかもハンガリーなど国境に鉄柵を設けて、堂々とシェンゲン協定に違反しても大統領の国民の人気は高く、この列にはブルガリア、ルーマニアなどが続く。

他方、ロシアとの確執はウクライナ問題で先鋭化しており、ポーランドのほか、ジョージア、エストニア、モルドバとは政治的対立が持続されている。

君はプーチン宮殿を知っているか？

サンクトペテルブルクにあるコンスタンチン宮殿は、別名「プーチンのお屋敷」と言われる。サンクトペテルブルクの「プーチン大統領宮殿」であり宿泊もできる。G20の会場ともなった。革命前、この宮殿はコンスタンチン公が建設を始め、フィンランド湾に面する大理石の宮殿だった。ニコライ皇帝の長男が受け継いだ。革命後、宮殿は荒れ果て、第二次世界大戦で破壊されたまま放置されたので、ひどく荒廃し二〇〇〇年までは幽霊屋敷と言われた。近くには豪華絢爛《けんらん》なピョートル大帝の宮殿があり、観光客がひっきりなしだが、このコンスタンチン宮殿は、ガイドブックにも出ていない。

二〇〇三年にサンクトペテルブルクでのG20開催が決まると、プーチンは荒廃した宮殿を蘇《よみがえ》らせ、サンクトペテルブルクにおける迎賓館としても外交利用することを思い立った。国家予算をぶち込んで、壮麗な宮殿を急ごしらえした。宏大な庭も。

コンスタンチノープルの陥落は一五四三年、オスマントルコが東ローマ帝国を滅ぼして、地域覇権を確立し大帝国を築いた。

ピョートル大帝の夏の宮殿

エルドアンの夢見るのは「オスマントルコ帝国」の復活である。

プーチンはサンクトのプーチン屋敷が昔「コンスタンチン宮殿」を言われた歴史的経緯を思い出し、エルドアンに華を持たせることを思いついた。しかしロシアから見ればトルコは風下であり、あくまでも国家元首を呼びつけなければならないのだ。

プーチンは前日（一六年八月八日）にトルコの隣アゼルバイジャンにいた。しかもアゼルバイジャンは民族的にはトルコ族でありアンカラとバクー政権は強い連帯で結ばれている。だが利便性を無視し、プーチンはアゼルバイジャンから近距離のトルコへは移動せず、わざわざロシア最西北端のサンクトペテルブルクでトルコの大統領を迎える儀式を行うことにしたのだ。

二〇一六年九月十八日に行われたロシア下院議会選挙は、プーチン与党「統一ロシア」が大勝した。

定員四五〇のうち、三四三議席。じつに七六％強の議席確保とは、ようするに「何でも可決できる」勢いを示している。この大勝の裏で、選挙戦略を司ったのは大統領府副補佐官のボロディン（ロシア読みウォロディン）だった。ロシアにおける「下院議長」は首相よりも権限が強い。つまりボロディンは、いきなり第二の権力者になりうるということである。

二〇一五年秋からのシリア空爆参加以来、ロシアの動向は要警戒である。

①シリア問題において米国、EUを袖に、ロシアが主導権を握った。トルコは米軍の補完をしているが、EU諸国の空爆参戦は、どことなく消極的となっている。

②イスラエルとサウジアラビアが米国からの離反を強め、モスクワへ近づいている。サウジアラビアはとりわけ反米路線に急傾斜していることは要注意だ。

③ウクライナ問題でポロシェンコ政権が迫力を欠き、EUの一部はロシア制裁解除へ向かっている。ロシアはウクライナ東部の武装勢力へのテコ入れを止めていない。

④トルコとの関係の劇的な改善があった。ロシア空軍機撃墜というハプニングで両国関係は冷却したが、クーデタ失敗以後のトルコは、欧米の人権批判に態度を硬化し、エルドアン政権はモスクワへ近づいた。これも欧米外交の失敗である。トルコはNATOの要《かなめ》である。

⑤イランとロシアの同盟関係の深化、すなわちシリア空爆に際して、ロシアは長距離爆撃機を

イランの基地から発進させたように、イラン軍事基地の一部をロシアが使用し始めている。交換条件として、イランへの高性能武器供与が行われている模様だ。

⑥南シナ海における中国の侵略行為を容認しているばかりか中ロは共同軍事演習を展開したこと。他方でプーチンはにやにや笑いながら、安倍首相との個人的関係を強め、師走に来日する。

クレムリン宮殿の目玉はこの巨大な大砲

⑦中央アジアにおいて主導権の回復にめざましく動き始め、ウズベキスタンのカリモフ大統領死去に際しては、すばやくサマルカンドに駆けつけて弔問している。

⑧バルカン半島での失地回復に動き出し、ギリシアに巨大投資を持ちかけ、セルビアにロシア軍駐屯を打診し、またスロベニアとの提携強化など、バルカン半島政治を揺らす。

⑨バルト三国への見えない動き

が表面化し始めた。とくにエストニアに残るロシアコミュニティ救済を名目に、クリミアで行ったような軍事作戦が模索されている（英文プラウダ、九月十五日）。ロシアはバルト三国を拠点としてガス輸送を二〇一八年には閉鎖しようとし、NATOへ寝返ったバルト三国にエネルギー戦略を搦《から》めての報復作戦にでる気配が濃厚である。

⑩対米関係において、プーチンの指導力はオバマの優柔不断と比較され、トランプはプーチンを称賛している。また民主党の選挙本部へハッカーをしかけて、機密情報を暴露して民主党の選挙戦略を攪乱するなど、大統領選挙に間接介入したことも問題だろう。

対照的に「オバマの『アジア・ピボット』は恐ろしい勢いで沈下してしまった」（『アジア・タイムズ』二〇一六年九月二十二日）。

第一部●旧ソ連の国々

第二章 バルト三国
（エストニア、ラトビア、リトアニア）

十字架の丘
（リトアニア）

エストニアの議会ビル

魚市場（ラトビアの首都リガ）

NATOはバルト三国に四六〇〇名の部隊を派遣

ソ連軍に蹂躙《じゅうりん》され、反対派は粛清され、密告制度が張りめぐらされて何一つ自由のなかったバルト三国の暗黒は、ソ連崩壊によって徐々に晴れた。自由主義を謳歌《おうか》できる状況が騒然とやってきた。地図から消えていた国々の復活である。

バルト海と言えばユーラシア大陸の最西北端にしがみつくような形で寒冷、荒波を想像する。このバルトに面して小さな三つの国が北欧との航路を繋ぐ。いずれも人口が少なく面積もそれほどないが、地政学的な要衝、日露戦争のとき、バルチック艦隊はタリンやリガからも出航した。

ソ連崩壊後、すぐさま国民は軍事行動をおこしてソ連特殊部隊と戦い、血みどろの中から独立を勝ち得た。短時日裡にEUに加盟し、そのうえロシアと軍事的に対峙《たいじ》するNATOにも加盟した。北からエストニア、ラトビア、リトアニアの三国は二〇一五年一月に仲良く「ユーロ」にも加わった。

よほど嬉《うれ》しかったのだろう、あるレストランに入ると大きな壁画はキリストの降臨にかわってユーロが神のごとくに降臨する絵画が掲げられていた。司祭《しさい》の手にはドルが握られている。

同時に「シェンゲン協定」に加盟したので域内の移動は自由。EU域内の国からのビザは不要（日本人も不要）、観光客は物価安のため溢れかえり、とくに北欧とドイツ人が多い。

二〇一六年六月十四日、ＮＡＴＯは正式にバルト三国へ四六〇〇名のＮＡＴＯ軍派遣を決めた。クリミアをロシアが併合したとき、「次は我々では？」と震えるような恐れを抱いたのも、ロシアに対する恐怖心はいまも消えていないからだ。事実、米国ランド研究所のシミュレーションではロシア軍は六〇時間以内にタリンとリガを軍事占領できると計測している。ＮＡＴＯはロシアが東欧向けに配備している軍事力を三万名と見積もっており、米軍だけでも新たに四二〇〇名の旅団を戦略拠点に配備する。

キリストに仮託されたユーロと司祭が握るドルの壁画

地政学的に侵略を受けやすい地形だから、ナポレオンもナチスもここに上陸して侵略を始めた。とくにリトアニアとポーランドに挟まれているカリニングラードはロシアの飛び地であり、ＮＡＴＯ軍の配備はウクライナに向けられる部隊もあれば、カリニングラードを睨《にら》む配置となる部隊もある。リトアニアのクライベタはかつてのナチスの上陸地点だ。

カーター米国防長官は「クリミア併合とウクライナ危機を目撃したあとでは、NATOの目的はあくまで防御的な態勢作りにあり、装備をいかにグレードアップするかに力点が置かれる」と会見した。専門筋は一六年四月におきたバルト海での米駆逐艦へのロシア軍機異常接近、ロシア軍のミサイル配備に対応するものとしている。

バルト海で演習中だった米海軍駆逐艦へロシア軍機の異常接近事件は米国の反撥をよび、予備選最中のトランプは「私なら発砲を命じる」と発言をエスカレートさせていた。

NATO事務総長のストルテンベルグは「合同演習を続けながらNATOの団結と対応能力をはかり、ロシアの侵略意図を破壊する防御態勢作りである」と発言した。

ならばロシアの反応はどうか。

「ロシアは当然、防衛措置を講じる。ロシアから見れば中欧、東欧はNATO軍の配備強化により、いまや『アメリカの軍事的植民地』ではないか。彼らはロスチャイルドやロックフェラーの傭兵《ようへい》であり、犠牲者である」などとロシアの本音を吐露したのは、レオニード・イバチョフ（国際地政学分析センター所長、退役大将）だ。

イバチョフは『プラウダ』のインタビューに答えて次のように続けた。「東西間のバランスが崩れたのはNATOがルーマニアにミサイルを配備したからで、たとえ東欧諸国にNATO軍が拡充されようとも、そんなものは『こけおどし』にすぎず、ロシアはベラルーシとの安全保障関係を強める一方で、セルビアに駐屯基地をおくかどうかの検討を続け、またブルガリアとの対話も続行する。ロシアはミサイル防衛網を拡充させる」。

イバチョフはこうも言う。

「一九六二年キューバミサイル危機とは真逆なのだ。ソ連のミサイルを撤去させてアメリカは勝利感に酔ったが、こんどはロシアがNATOのミサイル網を撤去させる番だ」（施設『プラウダ』二〇一六年五月二十日）。

NATOにとって頭がいたい安全保障上の問題とは、ロシアが「イスカンダルM」（核搭載可能ミサイル）をカリニングラードへ配備しようとしていることだ。

プラウダ（二〇一六年十月十日）に拠れば、ロシアはカリニングラードに「イスカンダルM」の配備を決定し（十月八日）、近く輸送する運びという。同ミサイルは射程四〇〇キロ。固体燃料で移動トラック発車型。イスカンダルはかつてのアレキサンダー大王の別称。ロシア読みはイスカンチュール。ロシア軍の暗合名は「9K720」と呼ばれ、NATOのコードネームは「SS26」である。一説に射程五〇〇キロともいわれる戦術ミサイル。

これは明らかにNATOがバルト三国に四六〇〇名の増員、ブルガリア、ルーマニアへミサイル配備をなしたことへの対抗措置であり、米国ペンタゴンも、このロシアの決定を重視している。

さきにもシリアの反政府軍の拠点攻撃にロシアはカスピ海から巡航ミサイルを発射したが、正確に一五〇〇キロを飛翔して目標にあてた。またイランの飛行場からも爆撃機が飛び立ち、さらには地中海を遊弋《ゆうよく》するロシア艦隊が増員されている。ロシアはこのミサイルをベラルーシにも配備する計画がある。

それにしても、カリニングラード！（プロイセン時代のケーニヒスベルク）。冷戦時代は「軍事秘密基地」として鎖国をし、カリニングラードは謎の都市とされた。ロシアの飛び地であり、バルト三国の南端リトアニアと、ポーランドに挟まれているが、第二次大戦の結果、ロシアがおさえた軍事的要衝で、しかしもともとはプロイセン公国の土地だった。ヤルタの密約でどさくさにロシアが掠《かす》め取った。エリツィン時代に、ドイツへ返還の動きもあったが、ポーランドがＮＡＴＯに加盟したことで立ち消えとなった経緯がある。ＮＡＴＯ前線基地のポーランドへ最大の脅威となるが、ドイツへも届くことになり、このまま軍備展開が進むと、大波乱がやってくる。

エストニアはいまやＩＴ先進国

エストニアに共産主義時代へ別れを告げるシンボルとして、独立集会の嚆矢となった「歌の祭典」の会場で数万人収容できるスタジアムの前の道路に大岩が残っている。

この岩は何を意味するか？

独立戦争をソ連特殊部隊と戦ったエストニアの民衆は道路に大岩を並べて戦車、装甲車の侵入を防いだ。独立戦争の象徴なのだ。あたかも天安門事件直前まで、あの広場にあった自由の女神像のように。

そしてエストニア国民の二人に一人が参加した「人間の鎖」の示威行動が、やがてバルト三国を南北につなぐ二〇〇万人の人間の鎖となった。この未曾有《みぞう》の出来事、自由への叫び声を聞いて、西側はバルト三国の独立を熱心に支援した。

エストニア歌広場の石碑は自由の象徴

筆者は反ソ連感情が強いバルトの国々を二回訪れた。冷戦終結直後の一九九一年とそれから四半世紀を閲しての二〇一五年の冬だった。長かったソ連支配の桎梏《しっこく》を抜け出した人々の表情に明るさが満ち溢れるようになっていた。

初回はモスクワ経由だったが二回目の取材時、エストニアへはフィンランド経由だった。

ヘルシンキからエストニアの首都タリンへ向かう大型客船に乗り込むと、午後六時に出航。船内は五〇〇〇人ほどの乗客だろうか、日本人はほとんどいない。北欧の乗客はいきなり酒盛りを始め、大声で歌い、船内のあちこちで所せましと踊り始めた。

ロシア人、フィンランド人とおぼしき人々が圧倒的に多く、飲み物もビールよりウォッカが主流である。フェリーの船内の通路には酒気が充満し、急激な深酒のせいで正体をなくした若い男女があちこちで嬌声《きょうせい》をあげている。広いバーラウンジも酔客で溢れ、楽団の音楽に合わせて老若男女が絡まりあって踊り、個室でもひたすら飲んでいる。中国人のツアー客も時折見かける。フェリー内には免税店にスーパーもあり、ここで土産を買っている日本人ツアーに初めて出会った。

なぜこんな船の中で、これほどまで陽気に乱れるのか。フィンランドは「ムーミンの国」、対岸のエストニアへ渡航すれば豊富な酒類を安価に愉しむことができる。こうした愉悦を求めて週末になると北欧諸国やロシアからどっと観光客が繰り出すのだという。

タリン港に接岸したのは、すっかり太陽が沈む時分だった。市内までの途中、河川が凍結している。暗い、絶望の闇《やみ》、ムンクの「叫び」を思い起こさせる陰鬱な色彩だ。

人口わずか一三〇万人のエストニアにはプロテスタント系も多く、ロシア嫌いが徹底している。全体主義に抗議した一〇〇万人の「人間の鎖」の発祥地ゆえに人々はそのことに誇りを持っている。

タリンの町並みからはソ連軍の装甲車が配置されていた往時の緊張感が消えていた。もともとエストニアは北欧バイキングや、異教徒を制圧するためのキリスト教徒による十字騎士団などが入り乱れ、スウェーデンやデンマークに編入されたり、ロシア貿易で栄えたり、いろいろな歴史の断面が輻輳《ふくそう》し屈折した変遷を経た国だ。

モンゴル系のタタールやバイキングの末裔らが混在し、エキゾチックな文化を築いた。波止場周辺は近代的なビルと有名ブティックが混在し、ストックホルム、サンクトペテルブルクへ向かう大型豪華客船が頻繁に出入りしている。日露戦争の際、バルチック艦隊がこの港からも出航したのだが、町中の教会の入り口にそのことを示す標識があるだけで他にいかなる日露戦争の痕跡《こんせき》もない。ときどき吹雪に見舞われ、街を歩いている人もまばらだった。

梨木香歩『エストニア紀行』(新潮文庫)はタリン旧市街をこういう筆致で描く。

大聖堂の方へ抜ける道は、古い建物と建物の間の、細い、車一台がなんとか通るくらいの幅だった。進行方向、右側の、古い漆喰《しっくい》塗の家の壁は、地面に接する部分から腰部まで彩色された、本来なら横に長い長方形であろうはずのペンキ部分が、細長い直角三角形になって、その頂点が壁の端で地面と交わり、消えていた。(中略)いかにも古そうな道で、むきだしの土の上に、河原からとってきたと思われる角のとれた石が無造作なタイルのように埋め込まれていた。石と石の隙間には、ぎっしりとこけが生えていて、まるで緑の縁取りのようだ。

まさにタリンの旧市街はこんな町、石と石との隙間にぎっしりと苔《こけ》という箇所が暗示するのは自由と圧政の隙間にある暗黒か。そして作家の観察眼はこう続ける。

「どうも、エストニアの人々は（中略）神秘的でパワフルな『未開』、洗練された『野蛮な情緒』を追求してそれを民族の誇りとしているようなところがある」（同前掲書）。

エストニアはいまやIT大国となった。なにしろ選挙はスマホで投票する。世界最先端である。反面、ハイテク時代の危険が横たわる。五年前の選挙ではロシアのハッカーの介入で、世界初のIT選挙は完全に妨害されてしまった。一六年の米大統領選挙でも米国民主党のメール記録がロシアのハッカー集団によって暴露され、米国が慌てるという事件が起きたが、その先例となったのである。

二〇一五年の選挙は一月に行われ、筆者も偶然、投票日にタリンの町を歩いていた。小太りの女性ガイドは自慢のスマホを見せてくれ、IDカードとともに暗号を打ち込んで投票したと自慢げだった。まさに「洗練された野蛮」と「パワフルな未開」が同居している。

だが、エストニアの考えは甘かった。

ロシアの秘密工作、とくにハッカー部隊はエストニアを拠点にフィンランド、スウェーデン、ドイツにハッカー攻撃を行い、はからずも「NATOの対サイバー戦争に対抗戦略のないことを証明した」（『ニューヨークタイムズ』二〇一六年六月十六日）。

エストニアにおいてソ連の占領行政への静かなる抵抗運動は歌と踊りの祭典から始まった。

市郊外に巨大な円形ステージがあるが、ここが「反ソ革命」発祥の地となった「歌の広場」だ。数万人を収容でき、米国からマドンナ、スティービー・ワンダー、マイケル・ジャクソンがやってきて、ステージに上がったこともあるという。

旧市内へは屋台が軒を連ねるヴィル門（東門）をくぐって、緩やかな坂道をラエコヤ広場の方へと上る。両脇は琥珀《こはく》などの土産物店と国際色豊かなレストラン街、寿司バーのほか中華料理店もある。新移民の華人が経営している。琥珀屋で驚かされた。日本人の中年おばさんたちが琥珀買いに狂奔していたからだ。

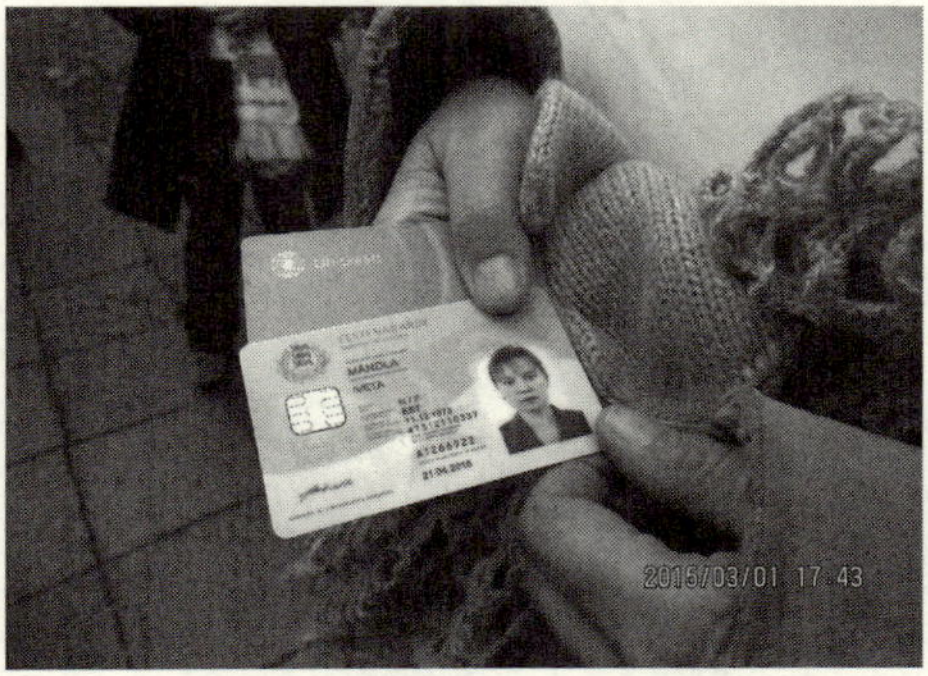

エストニアのICカード

アレクサンドル・ネフスキー聖堂（ロシア正教）の前にエストニア国会があるのを見て、まるでちぐはぐな印象は否めない。いまも国会をロシアが睨《にら》む構図ではないか。不愉快な政治構造を象徴しているようだ。

それにしてもエストニアはEU加盟、ユーロ加盟でぐんと西側に近づき、社会主義の残滓はどこにあるのかと目を凝らしたほどである。

ラトビアは富と貧困が混在

タリンからバスで五時間、ラトビアの首都リガに入った。

人口二二〇万人の小国だが、うち七〇万人がこの小粒な街リガに集まる。中世にはハンザ同盟の拠点だったため歴史的遺物が多く、道路は渋滞、港も栄えている。

高台から眺めると赤レンガの瀟洒《しょうしゃ》な住宅が目に飛びこんできて中世の華麗な世界に引き込まれるようになる。旧市街は美しい。

バルト三国の中でラトビアはロシア住民の比率が高く、四人に一人がロシア籍という。赤レンガが目立つおとぎの国のような風情のある街で、反ロシア感情を人々は押し殺して暮らしているようである。

またリガ旧市内はアール・ヌーボーの建物がひしめく不思議な一面を持った街である。ミハイル・エイゼンシュテイン（ユダヤ系ロシア人）ら著名建築家が競うように建てた古いビルが軒を競い、通行人は「上を向いて歩く」。

とある瀟洒な、ひときわ彫刻が美しいビルが目についた。これがジョージ・ソロスの「オープン・ソサエティ」が購入し拠点としていた建物で、冷戦終結直後の民主革命の本丸ともなった。ジョージ・ソロスは旧ソ連圏ならびに東欧諸国にオープン・ソサエティを設立し、また大学設立資金を出したりして自由化を支援した。彼自身がナチスの迫害からハンガリーを逃れ英国の証券界で修行してウォール街へ進出し、世界一の投機家となった。ソロスには世界一の投機行為を展開するブラックな顔と慈善事業家というクリーンな顔があり、まるで「ヤヌスの首」のような妖怪変化《ようかいへんげ》だ。

このビルの付近は金持ち連中が住み、寿司バーが多いのも驚きだが、店名が「やくざ」とか「普通」とか日本人経営でないことはすぐにわかる。中国人、韓国人の経営でもなく、寿司を握っているのはラトビア人だという。健康食という神話がいきわたって、本物の寿司を知らないラトビア人や観光客を相手に、それなりに繁盛しているように見える。

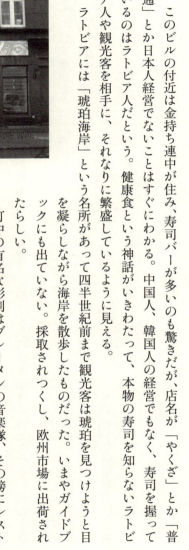

ラトビアには「琥珀海岸」という名所があって四半世紀前まで観光客は琥珀を見つけようと目を凝らしながら海岸を散歩したものだった。いまやガイドブックにも出ていない。採取されつくし、欧州市場に出荷されたらしい。

寿司バーの店名は「ヤクザ」（ラトビア）

町中の有名な彫刻はブレーメンの音楽隊、その傍にレストラン街があるが、「タベルナ」というのはギリシア語で食堂の意味。南欧ギリシアの食文化が北欧バイキングの故里まで北上してきたのか、寿司バーも店開きしているわけだから不思議はない。

中央市場を見学する時間があった。豊富な魚介類に混じってロシアの三分の一ほどの価格でキャビアが並んでいた。経済はようやく離陸したかという印象で、それにしても人々の服装はあか抜けない。ラトビアの経済的繁栄はまだまだ遠いと判断された。

ラトビアと全体主義という命題で、過去を考えると、やはり「リガの虐殺」というユダヤ人の抹殺にラトビア人が手を貸した事実を避けるわけにはいかない。

ホロコーストはナチスの仕業ではあるが、実際に手を下したのはナチスでもドイツでもないケースが夥しいのである。悪名高いアウシュビッツはポーランドであり、ウクライナでもベラルーシでも、あるいはロシアの大地でもナチス以前にユダヤ人虐殺の「ポグロム」が行われた。

リガの虐殺はフォーサイスの『オデッサ・ファイル』にも詳しく書かれている。

「ユダヤ人虐殺の九七%はドイツ国外で行われ、殺害者の半数はドイツ人でもなかった」（ティモシー・シュナイダー『ブラックアース』慶応大学出版会）。

それは国家が崩壊し、生存が脅かされ、資源、土地、食料の限界が見えたときに襲われる生存パニックが土台になったときに起こりうる。近年もルワンダで、ブルンジで、そしてスーダンで私たちは大量虐殺を目の前にした。

中国の文革前後、数千万の人々が餓死、あるいは虐殺された。

シュナイダー（エール大学教授）は、異常気象と食糧危機が再現し、国家が生存を保障するシステムを喪失すれば、ホロコーストはまた起きうると警告している。ラトビアに限らず、南隣のリトアニアでも、ユダヤ人虐殺はあった。

リトアニアと杉原千畝

バルト三国の南端にリトアニアがある。ラトビアを早朝に発ったバスはさらに南下し、三時間ほどで国境を越えた。国境はフリーパス、パスポート検査さえなかった。

リトアニアはドイツ色がやや濃いが、人口三〇〇万人の大半はカソリックである。首都ビリニュスを飛ばし、カウナスへ直行した。四半世紀前に訪れたおりはタタール人集落も残り、古城のある、トラカイという町に立ち寄った。「チンギス・ハーンはここまで来たのか」と仰天した。

古都カウナスは大戦中、ドイツに占領されたビリニュスの代わりにリトアニアの外交の中心となっており、日本領事館があった。

この日本領事館で一九四〇年の七月と八月に杉原千畝《ちうね》は二一九三通のビザを発給し、合計六〇〇〇人のユダヤ人の命を救った。多くがポーランド系ユダヤ人で、彼らはシベリア鉄道で極東に向かい、日本の神戸などを経由して、その多くが米国へ渡った。一部は上海へと流れた。

その生き残りで大金持ちになったユダヤ人が、戦後日本に「命の恩人」である杉原千畝を探しにやってきた。

いまカウナスの高級住宅地の街の一角に杉原記念館として残り、内部を見学することができる。係は「最近、日本からのお客さんが二〇倍の規模で拡大して、お土産のチョコレート（杉原チョコ）

杉原千畝の執務机（カウナス）

も売りだしたのですが、土産に一〇個、二〇個とまとめ買いが多く、よく売れます」と嬉しそうな顔だった。

東欧からポーランドにかけてチョコレートは名物。ウクライナ大統領のポロシェンコもチョコレート会社の社長である。

杉原記念館では一五分ほどのビデオ上映があって、杉原が外務省の命令に逆らって、日本のビザを求めるユダヤ人に米国亡命のビザを出したことが語られる。往時の日本は八紘一宇《はっこういちう》、人種差別の撤廃を掲げていた。ドイツと同盟を組んでいる手前、外務省はユダヤ人へのビザを正式に出すわけにいかなかった。杉原がその後も外務省内で出世し続けたことを思えば、黙契があったと考えられる。当時の東条英機、松岡洋右《ようすけ》らは杉原の行為を黙認したのだ。そう考えるほうが自然であろう。そもそも松岡洋右はドイツが嫌いだった。

ところで杉原はロシア語に堪能でハルビンでは間諜《かんちょう》工作を担当していた。ハルビンでロシア人工作員を抱えており、最初の結婚相手はロシア人女性だった。戦後、シベリア抑留から帰るとソ連通いを始めた。こうした真実を指摘する事情通は少なくなり、杉原千畝は「日本のシンドラー」と言われている。

バルト三国は「ユーロ」に参加したので、逐一通貨を交換する必要がなくなった。他の加盟国は補助コインの最低額面が一〇セントだが、ラトビア、リトアニアなどは一セント硬貨も発行している。消費税はドイツ並みに平均二一％、物価は意外と高い。

さてラトビア国境をまたいでリトアニアに入ったところへ話を戻すと、三〇分ほど南下した場所に新名所「十字架の丘」がある。シュウレイという村だ。

一八一一年、この地で反ロシア蜂起が起こり、遺体はなくとも手製の十字架を無数に立てて無神論のソ連と対抗した。

KGBはブルドーザーを駆使したローラー作戦で次々と十字架の山を破壊した。しかし信者らは破壊され、焼き払われても次々と十字架を運んだ。大小あるが、およそ数万本の十字架を信徒らが運んで記念碑的な公園とした。その噂を聞いて欧米に離散していた遺族らが思い思いの十字架を作って、シャウレイ村へやってきた。

筆者はこれを見て青森県の恐山《おそれざん》と対比をしてみた。恐山は聖なる山稜《さんりょう》と岩盤に地獄、三途《さんず》の川などが配置され霊と会話を仲介する巫女がいるが、小石を方々に積み上げた卒塔婆《そとば》が数万個、いや数十万はあるだろう。人々の神への懼《おそ》れの現れだが、さてリトアニアの十字架の丘では、十字架の山そのものが一個のアールヌーボーかと思えるほどに神聖さを欠いていた。やはり遺体の埋葬がないため霊気を感じない。シンボル的オブジェであった。

かくしてバルト三国はソ連の暗黒政治、その支配を克服した。

しかし半世紀を超える全体主義の桎梏から精神的に逃れることはできても、経済の再生は時間がかかるため繁栄には道半ばというのが現状である。

第三章

スラブの兄弟（ウクライナ、ベラルーシ）とモルドバ

オデッサ沖合からみた豪華リゾート群

KEYで飾ったハートオブジェ（ウクライナ）

内戦の犠牲者を悼む展示パネル（オデッサ）

ウクライナの中で、飛びぬけて自由と繁栄を享受する港町＝オデッサ

オデッサは「黒海の真珠」と称される美しい港町だ。横浜市と姉妹都市の関係を結んでいる。一九〇五年の戦艦ポチョムキンの反乱は、このオデッサで起きた。ソ連映画史に輝く名画「戦艦ポチョムキン」は一九二五年に制作され、世界中の注目を浴びた。ついでに書いておくと世界的ベストセラーとなって映画化もされたフレデリック・フォーサイスの『オデッサ・ファイル』はこの港町とは無縁でリガでのユダヤ人虐殺を命じたナチス高官を追い詰めるジャーナリスト、それを妨害するナチス残党の眼に見えない組織の名称である。

筆者は隣国モルドバの首都キシニウの北バスターミナルに早めに着いてオデッサ行きのバスを待った。国境を越えるのだから冷房完備、リクライニングシートの大型バスに乗れるのかと漠然と期待していたが、甘かった。冷房なしの小型バス、中はボロボロの椅子。悪路を飛ばすので上下の振動が激しい。こんなにガタガタと走る車に久しぶりに乗ったが運賃は一五三レイ（九二〇円）。予想外の安さではあった。

モルドバ、ウクライナ間の国境は辺鄙《へんぴ》な片田舎で、機関銃で武装した軍人が出入国管理をしていた。パスポート確認などに時間を取られ、結局出入国に二時間近くかかった。朝九時四〇分キシニウ発のオンボロバスが、軍港として有名なオデッサの街に入ったのは夕方近く、結局五時間

のバスの旅となった。

黒川祐次（元ウクライナ大使）は『物語ウクライナの歴史』（中公新書）の中で次のように書いている。

オデッサは古代黒海北西岸にあったギリシア植民都市オデッソス（ギリシア神話の英雄オデッセウスから来た名）にちなんで名づけられた。オデッサは一七九四年、エカテリーナ二世の勅令にもとづいて建設され、一八一七年に無税の特権を得てから目覚ましい発展を遂げた。そして一八六五年オデッサとポディリア地方を結ぶウクライナ最初の鉄道が敷設され、穀物の内陸輸送が可能となるとその発展に拍車がかかった。一八四七年には全ロシアの穀物輸出の半分以上がオデッサ港からなされた。まさに穀倉とオデッサ港は表裏の関係にあった。（中略）ロシア帝国にとって世界への南の窓であった。コスモポリタンな都市で、輸出業はギリシア、イタリア、ドイツ、ユダヤの商人たちによって行われていた。その他トルコ人、アルメニア人、西欧・東欧の諸民族が雑多に住んでいた。同じ正教徒ということでギリシア人の数は多く、トルコからの独立運動の拠点になった。ユダヤ人の数は次第に増加し、ロシア革命直前には市の人口のほぼ半分を占め、ロシア・東欧のユダヤ世界の中心となった。

そのオデッサ、いまや人口一〇〇万人という大都市の礎を築いたのは女帝エカテリーナ二世だった。この偉業を讃え、市内には彼女の巨大な銅像が建っている。

二〇一四年から始まったウクライナの内戦はまだ終結したわけでなく、首都キエフから東側、ロシアに近いほど治安は不安定。むしろ無法地帯然としている。

四半世紀前に首都のキエフを訪れたことがある。ちょうどビル・クリントン大統領（当時）の訪問直前だったため宿泊したホテルのバーには先乗りしていたSPが陣取り、アメリカの歌を唱って陽気に騒いでいた。西側に急傾斜するウクライナに対して、なす術《すべ》もなく拱手《こうしゅ》傍観したエリツィン政権のロシアをよそに街は「米国大統領訪問」という祝賀ムードに溢れていた。（いよいよ経済繁栄と自由がやってくる）。広場は喧《やかま》しい音楽と踊りで浮かれ、オペラ座も満員。人々は全身で喜びをあらわし、次々とシャンパンの栓を抜いていた。

その夢ははかなく潰えた。

「オレンジ革命」から大した時間も経たないうちに、東部の分離独立機運がにわかに勃興し、ヤヌコビッチ大統領はロシアへと逃亡した。そしてロシアから投入された「民兵」と衝突、ロケット砲を撃ち合い、戦車を繰り出す内戦の日々が始まった。プーチンは「ロシア軍は関与していない」と否定しつつ民兵に間断なく軍事的支援を続けた。一時休戦がなったのはサルコジ（フランス前大統領）の調停によってであった。

「『国ではない』とプーチンに酷評されるウクライナは、もともと歴史的に領土をつぎはぎしてつくられたところもあり、分散、遠心傾向も強い」（遠藤乾『欧州複合危機』、中公新書）。

こんな状況だからウクライナ渡航はさぞ難しかろうと身構えていたのだが、意外や日本人はビザ不要、航空便はヨーロッパ各地から、そして中東諸国からも多数就航している。

ユダヤ人の街として交易で栄え、映画の舞台にもなったオデッサは経済的繁栄を謳歌している。

この町の出身で作家のイサーク・バーベリは『オデッサ物語』で当時の情景を描いた。

「世界の果てにまで誉れ高い、わがオデッサ」には、

オペラ座に並ぶ人々（ウクライナ）

> ベッサラビヤの国境からリュブカーにワインを運んで来た皺《しわ》だらけのドイツ居留民の一団が腰を下ろして、ぷかぷかと煙管《きせる》をふかしていた。（中略）犬の薔薇《ばら》色の舌のように太陽は空にぶら下がり、遠くペレスィピの岸辺には巨大な海が波を打ち寄せていた。彼方に浮かぶ大型船の帆柱は、オデッサの入江のエメラルド色の海水の上で揺らめいていた。（中村唯史訳。群像社）

ここに出てくる「ベッサラビヤ」とはいまのモルドバ（次節で触れる）、オデッサのすぐ西隣である。オデッサではオペ

ポチョムキンの階段にて筆者

ラ座の向かい側に建つ老舗《しにせ》のモーツアルト・ホテルに投宿した。ここから港へ向かって歩けば数分で観光名所「ポチョムキンの階段」へ行ける。
世界的に有名になったその階段を目当てに、次から次へと観光バス、馬車、マイカー、リムジンが到着し、記念写真を撮っている。
白人も黒人もヒスパニック、ラテン系の人々、本当に世界中の人種が勢揃いしたような印象である。港からフェリーで着いた客用にはケーブルカーも設置されている。広場は年中フェスティバルが開かれているような賑《にぎ》わいである。キャラクターの風船売り、大道芸人、トランペット吹き、手品師、綿菓子。記念写真屋、カメラ……。（とても同じ国の東側で内戦をしているとは思えないなぁ）
波止場の突端まで二〇分ほど歩くと、黒海クルーズを愉しむことができる。一時間＝五〇〇〇円。黒海沿岸をひと回りするのだが、デッキまで鈴なりだ。出航し、コンテナヤードを経て沖合へ一〇分も出るとアルカディアという有名な海水浴場に至る。まぶしい太陽の下、ビキニ姿の老若男女が日光浴を楽しんでいる。

岸辺の緑の中に豪華別荘群、リゾート・マンション、いまも建設中の高層マンションが林立して見えるではないか。これにはいささか驚いた。「貧困のウクライナ」というイメージとはかけ離れた眺めだ。

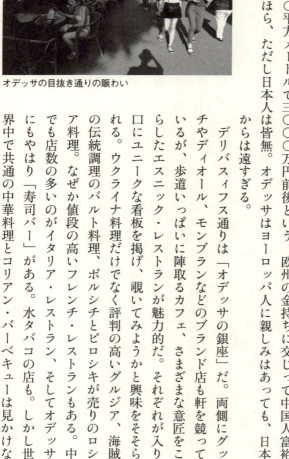

価格帯は一〇〇平方メートルで三〇〇〇万円前後という。欧州の金持ちに交じって中国人富裕層の投資もちらほら、ただし日本人は皆無。オデッサはヨーロッパ人に親しみはあっても、日本からは遠すぎる。

オデッサの目抜き通りの賑わい

デリバスィフス通りは「オデッサの銀座」だ。両側にグッチやディオール、モンブランなどのブランド店も軒を競っているが、歩道いっぱいに陣取るカフェ、さまざまな意匠をこらしたエスニック・レストランが魅力的だ。それぞれが入り口にユニークな看板を掲げ、覗いてみようかと興味をそそられる。ウクライナ料理だけでなく評判の高いグルジア、海賊の伝統調理のバルト料理、ボルシチとピロシキが売りのロシア料理。なぜか値段の高いフレンチ・レストランもある。中でも店数の多いのがイタリア・レストラン、そしてオデッサにもやはり「寿司バー」がある。水タバコの店も。しかし世界中で共通の中華料理とコリアン・バーベキューは見かけなかった。

間口の狭いレストランでも、一歩中に入ると中庭があってそれが結構広いのだ。これは旧東欧に特徴的で、とくにベラルーシ、モルドバだけではなくポーランドでも建物の間口は狭いのに内部は奥深い。

中庭には緑の木立、噴水、公園にはベンチが並び、中国伝統建築の四合院のような建築思想に基づいているようだ。この広い中庭にテントを広げて、テーブル席が設えられている。

想像していたとおり、ビールはまずい。輸入ものが主流だが、ワインは圧倒的に隣のモルドバと黒海の南対岸グルジアから運ばれてくる。オデッサはウクライナの中でももっとも西側寄り、ロシア人より圧倒的にアメリカ人客が多い。歩行者天国には観光用に乗馬もある。興ざめなのは随所にある入れ墨屋で、ノースリーブ、ホットパンツの若い女性が上腕や脚に刺青をしているのを見ると穏やかな気持ちでいられない。いったい、旧ソ連の人々の美意識はどこか歪《ゆが》んでいないか？

他方、国立オペラ座へ行けば、着飾った男女の列がある。猛暑でもしっかりとめかしこんで、入れ墨のパンクは見当たらない。その前を胴体の長い長いリムジンが花嫁を乗せてこれ見よがしに走行し、これをじっと見ているのがロマ（ジプシー）なのだった。

土産屋では船員服、帽子、マドロスパイプ、手作りの人形など売っているが、どれもこれも土産用の安物ばかりだ。書店を覗くと、ウクライナ人には読書家も多いのか、世界文学全集のウクライナ語訳などが並んでいる。

「日本人作家のものはありますか？」と店員に話しかけてみた。女性店員はすぐに三島由紀夫と村上春樹のコーナーへ案内してくれた。

滞在三日目、駅まで六キロほど歩いた。猛暑の中、汗びっしょりになりながらカリフォルニア通りを左折し、シナゴーグ跡へ向かった。

三島由紀夫と村上春樹の本が並ぶ（ウクライナ）

冷戦時代までユダヤ人街だったこのオデッサの下町はユダヤ人が去ってからは極度に寂れ、貧困のにおいが漂っている。ゴミも多く、街の風景がくすんで見えた。ユダヤ人たちは大挙してイスラエルと欧米諸国へ移住した。

モスクワ、キエフと繋がる鉄道のオデッサ駅はいかめしく頑丈な作りでロビーもオペラ劇場かと見まごうほどに堂々たる意匠で、広々としている。その駅前には乞食、宗教団体の宣伝隊、レストランのチラシ配りに交じって、近郊へ向かうバスの呼び込みの声が飛び交って賑やかだ。

構内から出て屋台風の喫茶店でアイスコーヒーを頼んだが一杯五〇円だった。

オデッサは戦争中、ナチスと闘った武装ゲリラによって掘られた無数の地下壕がある。パルチザンの地下墓地のあったカタコンベへ行ってみたいと幾人かに尋ねたが、「誰も行かないから、ツアーバスもなくなった」とのこと。

オデッサには歴史館、民族展示館、美術館に加えて文学館が驚くほど多い。モルドバの首都キシニウと並んでオデッサにもプーシキン記念館がある。都を追われたプーシキンが一年間、オデッサに滞在した経緯があるのだという。

どの博物館も国営か市営、門番、チケット売りからクローク、各展示場には決まって高齢の女性がでんと座っている。入館者を見て部屋の照明をつけ、退場を見計らってすぐさまスイッチを切る。それだけのために夥しい人を配置している。たぶん年金生活の高齢者に小遣い稼ぎをさせる制度があるのだろう。共通しているのは彼女らの笑顔をついぞ見かけないこと。官僚的というか上から目線と言おうか、しかも英語をいっさいしゃべらない。旧共産党時代の教員や公務員OBといったところか。中欧から東欧、旧ソ連邦にかけて、これはほぼ共通の現象である。

まさにこの類いの「公務員」が全体主義の残滓、ある意味では犠牲である。

プーシキン記念館については草稿、蔵書、執筆に使用した机などのほかに見るべきものはなかった。ウクライナにはほかに誇るべき作家は幾人もいたはずなのに。

さてオデッサの県知事はといえば、じつは前グルジア大統領のサアカシビリである。彼はロシアとの戦争に敗れ、グルジアに居づらくなってウクライナへ亡命した。ポロシェンコはサアカシビリの経済路線ならびに米国との強いコネを評価し、彼にウクライナ国籍を与えたうえでオデッ

オデッサ駅はソ連時代のいかめしい建物

長い長いリムジン

サ県知事に任命した。（詳細は一三七ページ参照）

ベラルーシは独自の文化を誇れず、母国語よりロシア語が通用

岸恵子に『ベラルーシの林檎』というエッセイ集がある。

ワルシャワからモスクワに向かう「聖ペテルブルク・エクスプレス」の車中で、老婆がしなびた林檎にスプーンを差し込んで器用に剝《む》き、その薄紙のような皮を捨てずに食べ残しの部分をくるんで合切《がっさい》袋《ぶくろ》にまた仕舞い込むという節約的な食べ方が記されている。

筆者は連想を逞《たくま》しくした。食べた箇所を巧みに皮で覆い直し、長持ちさせる遣り方はベラルーシの政治姿勢にどことなく活かされているのではないのか。

日本からベラルーシの首都ミンスクへ行くにはモスクワ経由が一番近い。三二〇人乗りのエアバスが毎日二便以上モスクワへ飛んでいるからである。

ベラルーシはヴィザが必要な国だが、加えてロシアのヴィザも必要だという。ロシアと軍事同盟を結んでおり、ベラルーシはロシアの「国内」扱いとなっているからだ。(ベラルーシって依然としてロシアの「保護領」的な存在なのか?)

モスクワで「入国」するとミンスク行きは「国内線」ターミナルにあった。出入国審査はかなり厳しい。テロリストの「帰国」を警戒しているのだ。ISの主力、もっとも凶暴な戦闘集団は北カフカスのチェチェン人、二〇一六年六月のイスタンブール空港襲撃も彼らだった。

ミンスク空港から街へ入る高速道路で目にした看板は英語、ベラルーシ語、ロシア語の順番。人々はロシア語、ついで母国語、若い人は英語もしゃべるがたどたどしい。ドイツ語のほうがよく通じる。

独立後、「公用語」とされたベラルーシ語なのに首都ミンスクでもしゃべる人は極く少数派だ。ロシア語の優勢はかわらずで、結局、二つの言葉が併記される。ベラルーシ語はもともと農村の言語だった事由もあるらしい。

「ブルガリアは独立国家の誇りをブルガリア語を守り抜いたことに置いていますが、ベラルーシのナショナル・アイデンティティは言葉ではないのですね？」と質問するとガイド氏は言葉に窮した。

ミンスクで雇ったガイドのO氏は東洋言語学者のアルバイト、日本にも二年の留学経験を持つ。夏目漱石が好きで、なかでも『こころ』を好むという正調日本語を操る紳士だった。

オデッサの長距離バスターミナル駅の待合室

ミンスク市内には巨大な勝利公園があり、芝生に囲まれた立派な建物が「大祖国戦争博物館」である。出来たばかりでぴかぴかのロビーには海外からの見学も多い。筆者が見学した日には中国人の団体客の姿もあった。広い館内に写真パネルは無論のこと、銃器や戦車、戦闘機まで展示され、戦争の英雄たちの人形、リアルなジオラマ……規模としては北京の軍事博物館なみである。

この展示を見て半分ほど納得ができた。歴史観はロシアのそれに通底しており、第二次世界大戦を「大祖国戦争」と呼称する。ナショナリズムの所在に独自な視点が欠けているのである。

歴史を振り返っても、ベラルーシはモンゴルに攻められたこともあれば、リトアニア公国、ポーランド大公国と主が入れ替わり、ナポレオンが通過し、ナチスが侵入し、ユダヤ虐殺にも手を貸した。

戦後はロシアに合体されて、「ソ連の一員」という悪夢の時代が長く続いた。このような経過の中でベラルーシ独自の歴史観は成立しにくく、ソ連時代の残滓として言語状況にロシア語優位がくっきりと残った。歴史学にも確乎としたものがない。誇るべき文化遺産が稀薄だったからである。

カソリック教会、近年急ピッチで新築の正教会が乱立してはいるが、伝統とか歴史がないのでは内部まで見学しようという意欲が湧いてこなかった。独立しても原油とガスをロシアに依存している。ちなみにガソリンは一キロ＝六〇円ほど。

ベラルーシの国土の半分は森林。観光ガイドブックに謳《うた》われている「妖精の街ミンスク」などという惹句《じゃっく》ゆえか、よく耕された広々とした畑の向こう、緑深い森の間からひょこっと可愛い妖精でも現れそうな、心和む景色が続いている。そしてその緑と畑を潤しているのは大小数知れない湖だ。海の出口がなく、屹立する山脈もなく、標高四〇〇メートル足らずの丘が一番の高地だとか。台地と低地、湿地帯の緩やかな起伏が全土に展開され、小麦、ライ麦、大麦、そして酪農。いまはサトウキビの青々とした葉がどこまでも続いていた。ドラキニという名物のじゃが芋ケーキがあるように、一人当たりのじゃが芋消費量は世界一である。白っぽく整えられた畑はジャガイモ畑だったのではないか。北海道を思わせる広い農地から穫れる農作物はロシア、ウクライナ、そして陸続きのラトビア、リトアニア、ポーランドとの交易が多い。

KGB本部、レーニン像が残った

ミンスクは新車に溢れているが、通勤時間帯にさえ渋滞が見られない。車道の道幅も広いが、大通りでは歩道も広々としている。これも戦争で焦土と化したあとの大胆な都市計画の結実である。歩道にはカフェが店開きしていても歩行者の妨げになることはない。人口一九〇万人のミンスクに地下鉄は二路線（延長三七キロ）あり、中心街なのに地上の歩行者が少ないと思ったら、通勤通学の人々は地下鉄の出入り口をもぐって地下道を往来している。大通りには横断歩道や歩道橋がなく、地下道から向かい側に渡る。バス、トラム、トロリーも七八路線、運賃は極めて安価だ。タクシーも結構いる。

駅のターミナルに隣接のショッピングモールはまるで西側の光景と似ているが、並んだ商品は見劣りがする。ちなみに土産を探したが、購買意欲の湧く商品は何もなかった。

書店を覗いてもウクライナと比較すると見劣りがする。

一方、レストランは結構多い。都心では郷土料理、イタリア料理やフランス系のしゃれたレストランが繁盛しており、赤カブ主体のボルシチスープが美味かった。グルジアからの美味なワインにもありつけ何よりも物価が安いので旅行者にとっては魅力的な街だ。

通貨は一〇〇〇〇分の一という荒っぽいデノミが二〇一六年七月一日から実施されて一ヶ月も経たないときだったので、以前の通貨も流通していた。新札で支払うと、びっくりするほど大量の釣銭が戻った。人々は給料を貰《もら》うとドルかユーロ預金をする。慢性的なインフレへの防衛である。

ロシアのマンションがユーロ建てであるように、この国はマンションのローンは米ドル建てである。

団地が多く一〇〇平方のマンションはおよそ一五万ドル。しかしルカシェンコ大統領は三人の子供を持つ家庭には住宅を無償で提供するというポピュリズム政策を採ったため出生数は漸増傾向にある。少子化に悩む日本もこの制度を学んではどうか。

ミンスクには大学が二二、ベラルーシ全体でも四五校ある。東欧諸国に共通だけれども教育には力を入れている。それも農学部が多いという特徴がある。新たに就農した夫婦には、なんと家を一軒進呈している。

農学部以外、大学を出ても就労先が少なく、公務員は旧共産党のコネがないと難しい。必然的にベラルーシの若者たちはEU諸国か米国へ出稼ぎに出ることになる。

「ということは複数政党制の民主主義と言っても、ルカシェンコ大統領の独裁色が強いのでは？」とガイド氏に水を向けても明快な返事は返ってこず、「プーチンやエルドアン（の専制政治）に似ていて、ナショナリズムを煽る一方で、福祉などポピュリズムに訴え、外交的には東西のバランスをとる綱渡り。でもこれといった政敵がいないので反政府の運動は厳しく封じ込めています」

という答えが返ってきた。

新聞、テレビは自由を原則に謳ってはいるが、ルカシェンコ大統領を批判したジャーナリスト五人は行方不明。政敵も二人消されたという。どこぞの国の小説か映画もどきの話が現実に起きているわけだ。

ベラルーシは二重構造社会であるようだ。

広大な広場に屹立しているレーニン像の奥に、異様な、いかめしい建物。ガイドブックに何のビルかの記載もない。「おそらく旧共産党本部でしょう?」という筆者の推定にガイド氏は「そうだ」と小さく頷《うなず》いた。

外見上は廃屋、まるでがらんどうである。

そこから二〇〇メートルのところに不気味な、幽霊屋敷のごとき無機質な建物がある。これが悪名高き旧KGB本部だ。まさにオペラ座かと錯覚するほどに豪華な彫刻が玄関脇を飾り、しかし玄関は開かずの扉、職員は裏口から出入りする。この建物、しかも街のど真ん中に位置する。これもまたガイドブックに何の紹介もない。ガイドのO氏が教えてくれるまでわからなかった。

対面の小さな公園の入り口にはKGB初代議長だったジュリジンスキーの銅像があった。懐かしくも気味悪い名前である。撮影していたら「血まみれの男さ」とベンチに所在なげに座っていた初老の男が吐き捨てた。

ベラルーシの人々は忍耐強く、恥ずかしがり屋、そして勤勉である。この点は日本人と似ている。つまりインモラルで行儀の悪い中国人は大嫌い。ところがその中国が一五億ドルの投資を運んできたから外交では中国重視に傾き同胞扱いしてきたロシアのプーチンを慌てさせた。いかにもルカシェンコ大統領らしい狡猾《こうかつ》な遣り方である。

ベラルーシの誇りはテニスのシャラポワ、かつてのグロムイコ外相。そして画家の巨匠として知られるシャガールだろう。

夢と幻想、おとぎ話のような世界を描く、抽象的なリアリズムで知られるシャガールはベラルーシ生まれのユダヤ人である。

彼はフランス、米国に長く暮らしたが、ミンスクの北東三〇〇キロのヴィテプスクという街が故郷だ。それを聞いて車を飛ばして行ってみた。往復九時間の強行軍となった。

ヴィテプスクの人口は三七万強。繊維産業とトラクター、農薬、肥料の他、ロシアとの国境に輸出特区があり、また製薬産業が有名である。市内には薬科専門大学もある。

しかし町を歩くとかつて二〇万人もいたユダヤ人街はあとかたもなく、ナチスに協力したユダヤ人虐殺の跡地を埋めて完全に消し去った。ポーランドのアウシュビッツのような収容所跡も完全に消され、シナゴーグの残骸《ざんがい》が一つだけあった。

これはラトビアもリトアニアも同じである。いまやベラルーシにユダヤ人は二万人弱しかおらず、冷戦終結後、ごっそりとイスラエル、欧米へと去った。かわって入り込んできたのがドイツ企業だった。

ミンスクのド真中にいまも「盛業中」のKGB本部

ユダヤ人だったシャガールはベラルーシの人々にはつつましやかな誇りであるようだ。生家跡記念館、アートセンターはひっそりとして、外国からのわずかな観光客の求めに応じている。地元の人々はあまり立ち寄らないらしいのだ。

ドイツ人への憎しみはないらしい。ロシアに対しては好きも嫌いもなく、死活的に重要な国という位置づけである。

キエフは前節で見たウクライナの首都。人口四〇〇万ほどで華麗な町である。サンクトペテルブルクの壮麗さと似ている。

二〇一六年七月十日、キエフで一台のクルマが爆発炎上した。爆殺されたのはベラルーシの著名ジャーナリストとして知られたパベル・シェレメト（彼にはルカシェンコ独裁を猛烈に批判した著作がある）。この暗殺事件はとくにベラルーシの知識人らに大きな衝撃を運んだ。ベラルーシのジャーナリスト殺害は、これで五人目である。

シェレメトは一九九〇年代の自由化の波に乗ってテレビ・ジャーナリストとして登場し、九六年にルカシェンコ大統領をこっぴどく批判する番組を作って追放され、九七年からはミンスクにあるロシア・テレビ支局に職を得た。しかしここでもルカシェンコ批判を続けたため拘束され、三ヶ月投獄された。彼に恩赦を命じたのはロシアのエリツィン大統領（当時）だった。以後、シェレメトはモスクワへ移動し、やがて二〇〇〇年、キエフに移住して『ウクライナ・プラウダ』を創刊した。共同創刊者はジョージ・ゴンガデジーだったが、このジョージも数年前に暗殺された。

彼は新聞のほかにラジオ番組でもホスト役をつとめ、母国ベラルーシよりも、ウクライナの政治家を批判した。とくにポロシェンコ（ウクライナ）大統領とそのビジネスパートナー等との特殊な利権関係をするどく批判してきた。ウクライナはジョージ・ソロスのオープン・ソサイエティや、ネオコンの流れを汲むアメリカ人活動家多数が入り込み、言論の自由、民主化を訴えてきたため比較的言論の自由は確保されている。

暗殺現場はキエフの下町だった。ベラルーシからヒットマンがやってきたとは考えにくい。爆弾を仕掛けられた車は『ウクライナ・プラウダ』の現在の社主で、シェレメトのガールフレンドでもあるアレナ・プリチュナ所有のものだった。したがって事情通は「暗殺目標はアレナではなかったのか」と推測している（米ジョージタウン財団発行『ユーラシア・ディリー』一六年七月二十九日）。

ことほど左様に旧ソ連の一員であるベラルーシ、ウクライナにはまだ共産主義独裁の残滓との戦いで志半ばに斃《たお》れてゆく戦士がいる。ジャーナリストは命がけ、だからこそ真実に近づけるのだ。

どこかの国のように無責任な言説を垂れ流し、テレビで顔を売って政治家になろうとするなど真剣さが足りないジャーナリストを見ていると吐き気を催すことがある。

シナゴーグの残骸（ベラルーシのウィテブスク）

モルドバは社会主義計画経済の残滓、繁栄にはまだまだ遠い

モルドバ共和国に行きます、と友人や編集者に告げると、たいてい「モルドバってどこでしたっけ?」と返された。首都をキシニウ（ロシア語読みはキシニョウ）とする、ウクライナとルーマニアに挟まれた小さな内陸国家モルドバは、日本にとってはまだまだ遠い国。頭の中の地球儀に具体的なイメージが浮かばないのは無理もないようだ。

モルドバへ行く前に馬渕睦夫・元ウクライナ兼モルドバ

大使に会う機会があった。旅行前にいくつかの情報を教えてもらったなかに、モルドバからウクライナのオデッサへ行く予定の筆者に「沿ドニエステル」を通過しないバスを選ぶとよい、という助言があった。そうしたややこしさを含んでいるので、たいそう治安も悪かろうと予想していた。

往路、イスタンブールからキシニウへ向かう便を選んだ。シリア内戦の影響でトルコ観光は激減しているが、ハブ空港として国際的に知られるイスタンブール空港のロビーは二四時間混雑していて、まるで新宿歌舞伎町の雑踏を歩いているようだ。乗り換えゲートまで歩くこと二〇分、ずいぶんと遠い。

小型機だろうと思っていたら意外やエアバスで二〇〇人乗りである。しかも満席。日本人は一人も見かけなかった。ＩＳのテロリストがイスタンブール空港を襲撃し、四五名の犠牲者を出したのはそれから四日後のことで、帰国後の、まだ時差ボケも治らない頭はこのニュースに仰天した。

キシニウ空港に降り立った。

朝日に輝く光景の中、管制塔のほか高い建物がなく、まるで片田舎の小さな飛行場。日本の米子鬼太郎空港や小松空港よりこぢんまりとしている。通関してロビーに出ても、両替所もない。

（これって国際空港か？）

予約していたコスモスホテルへタクシーで向かうが、道路は埃《ほこり》っぽく、街路樹が排ガスや土埃をかぶって黄色く汚れている。

鉄道駅前は古着や、何に使うのか不明の金具、部品などをこまごまと並べた露店がいくつも店開きしている。ショッピングセンターの入った近代的ビルの斜め前、二二階建てのコスモスホテルは、規模とは裏腹に旅客が少なく、照明も薄暗い。しかもこのホテルでも両替はできず、ボーイが隣のビルの両替所まで案内してくれた。待たせていたタクシーに現地通貨（ルーマニアと同じくレイ）で運賃一五〇〇円を支払った。すぐさまシャワーで旅の埃を落として着替えをして、ようやくさっぱりと落ち着いた。成田から乗り換え時間も含めると一八時間の長旅だ。

キシニウの街並みはソ連時代の計画経済の名残か、碁盤の目のように縦横はきっちりしている。しかし建物はといえば旧式のいかめしいビルがあるかと思うと、隣は瀟洒なガラス張りのレストランというように、とても計画的には見えない。

カジノが至る所にあって、二四時間スーパー、怪しげなストリップ劇場、入れ墨専門店が軒を並べ、寒い国にこそ需要がありそうなマッサージの店は少なく、目抜き通りには女性向けの美容室も見かけない。異常な環境である。

連日、三一度という猛暑が続き、街行く若い女性はホットパンツかミニスカート姿が目立つ。風俗的には「ソ連時代」が見事に消えている。それにしても刺青を施した女性が多い。興ざめ顔の筆者のほうが時代遅れなのだろうか。

物価が安いので欧米からの観光客は結構多い。そうした人々と行きかうのだが、中国人、韓国人には滅多に出会わない。日本人とはまったく会わない。それなのにあちこちに寿司バーがあるのも奇妙な風景である。世界的に健康食として寿司が静かなブームになっている影響だろうか。

一日目の夕食としてグルジア料理でも、と目抜き通りから一歩奥まった、中庭が緑に囲まれている店を選んだ。屋外の席に陣取ったが、隣では着飾った男女が騒々しいパーティ。何かと思えば一歳の子供の誕生日を祝う若夫婦が友人たちを招待した一団だった。ロシアの新興財閥のような、結構豊かな階層がモルドバにも出現している。ほかにビジネス客、常連客とアメリカ人の老夫婦らも珍しいものを見るような目でこのパーティを眺めていた。

子供の誕生パーティ（キシニウ市内）

旧共産党幹部らの、国営企業民営化のどさくさに紛れての汚職が絶えない。加えて、こうした所得格差も社会的憤懣《ふんまん》となってくすぶっているのだろう。凱旋門《がいせんもん》を中心に大統領府、市庁舎、議会前にはテント村が出現している。泊まり込みでハンガーストライキを続けるグループをよく見かけた。長期戦だろうか、北京の直訴村のように自炊し、洗濯物を吊るしているグループもある。

「何を要求しているのですか?」と声をかけてみた。

若者のたどたどしい英語が「生活の改善です」と。身なりからしてロマ(ジプシー)かもしれない。民営化がなって表現の自由も保障されている。長年積もりに積もった不満が吐け口を求めているのだろう。

同じ場所で憩う市民もいる。キシニウ市内で一番大きな公園は初代国王シュテファン大公を記念するもので、そういえばモルドバ通貨のデザインはすべてこの国王の肖像をあしらっている。キシニウの目抜き通りの名称もシュテファン・チェル・マレ通りだ。国会ビルを取り囲む緑豊かな公園の、日陰のベンチにはのんびりと憩う老人たち、テキストをひろげる学生に混ざってカップルが肩を寄せ合っている。その横をスケボーの少年らが勢いよく走り抜け、近くのアイスクリーム屋に殺到していた。

こんな光景を眺めていて、戦争の傷跡がほとんど見当たらないことに気がついた。

夜、近くのモダンなビルに入って、地下のスーパーでビールなどを買った。帰り際、ロビーで精神世界の絵画の展示をしている。お釈迦《しゃか》様が霊界から人間を救うような構図の宗教画だが、よく見ると法輪功だ。街でビラを配っていたのは「エホバの証人」のような新興宗教の団体だった。ところがホテルの入り口はといえば、ネオンピカピカのカジノだ。一攫《いっかく》千金を夢見る国民性は、アルバニアで流行した「ねずみ講」に似ていると思った。ロシア各地でピカピカのロシア正教会の新築ブームを見たが、モルドバでは旧来の教会の再建と同時に、新興宗教の布教競争が起きていた。

中古市、骨董《こっとう》市などを覗くと旧ソ連時代のバッジ、軍帽、ブレジネフのバッジまで売っている。その隣の店にはドナルド・トランプのマトリョーシカが客待ち顔で鎮座する。モルドバはEU加盟を政治目標にしている。ところがこれを不快とするロシアから、モルドバ産ワインの輸入禁止などの嫌がらせを受け、ガスパイプラインを止めると脅されたりするので、なかなか前進させることができないのである。

複数政党制を採っていて少数政党が乱立しているので、ときに旧共産党主導の連立政権になる。たちまち経済は停滞する。人口四〇〇万人強のモルドバ、国民一人当たりのGDPはわずか二〇〇〇ドルと、旧ソ連圏の中でもっとも貧しい。

「モルドバ語」と表記される言語も実態はルーマニア語であり、国旗はといえば中央にオーロックス（牛の原種）が描かれてはいるが、ルーマニアそっくりの青・黄・赤の三色旗。ロシア語族は沿ドニエステルを中心に一一％程度。

米シンクタンク「ヘリティジ財団」の『自由度調査』によれば、モルドバの経済活動の自由度は七〇ポイント（ロシア五〇）と意外に高く、総合評価でも五五・七（ちなみにロシア五〇・五、ウクライナ四五・八、ベラルーシ四七・九）。産業構造としての農業依存度は一四・三％、これは周辺のどの国よりも高い割合だ。ブドウの栽培が盛んで、モルドバ・ワインは世界的な名声を得ている。それゆえにロシアの嫌がらせを受けることがあるわけだ。

キシニウを起点に外国人観光客のためのワイナリー・ツアーも旅行代理店によって何本か催行されている。いずれも往復六、七時間かかるので今回筆者はパスしたが、日本で三〇〇〇円前後、人気の高いモルドバワインも現地のスーパーでは五〇〇円程度から並んでいる。レストランに入るたびにいろいろなワインを注文して、モルドバワインの真価に頷《うなず》いたことだった。

モルドバは価値紊乱《びんらん》の真っただ中、文化の多様化という混乱の様相を見せていた。二〇一五年からわずか一年でモルドバは、行政トップの首相が五人も交代したほどの政局不安を抱えている（ちなみにロシアはトルコ制裁で農作物の輸入を制限したため、この沿ドニエステルからトマトを緊急に輸入していた）。

モルドバの経済沈下の発端は銀行のスキャンダルだった。モルドバの三つの銀行が中央銀行によって免許停止処分となった。原因はロシア財閥のマネーロンダリングに手を貸していたという疑惑である。過去五年の間にロシア新興財閥はモルドバの銀行を通じて二〇〇億ドルを資金洗浄していた。

一六年二月に就任したばかりのパベル・フィリップ新首相は汚職追放、銀行再編を掲げてＩＭＦと粘り強い交渉を展開し、ようやく一億五〇〇〇万ユーロの融資実現にあと一歩とこぎ着けた。

旧ソ連最貧国のモルドバにとって、明るいニュースがいくつかある。

第一にルーマニアへ繋がる国境に新しい橋梁《きょうりょう》を架ける工事が開始されたこと。

第二にウクライナとの長期の交渉がみのり、ようやく黒海への出口に港湾が開ける展望がひらけたこと。モルドバは内陸国家として海に面していないがドニエステル河の出口パランガに自由工業区を設営し、直接黒海へ出る輸出ルートがひらけた。パランガはウクライナのオデッサへ向かう国境で、ここでの検問は二時間も要する。

第三はこれにより外国企業の進出が増加し、その中には日本企業系「スミトモ電装」（ドイツ住友の現地法人）が進出を決めるなど輸出ビジネスが好転していること。

第四は繊維産業では国際的なブランドもあり、今後の発展が望めることなどだ。一部愛好家の間ではモルドバブランドのジャケットに人気があり、日本も多少の量を輸入している。

モルドバの悲願はルーマニアとの合邦

モルドバ国民の悲願は将来のルーマニアとの合邦にあるが、ロシアは絶対反対である。

モルドバの西側はルーマニア人の居住する農業地帯で、モルドバワインは世界的に有名、多くのモルドバ国民はルーマニアへの復帰を望み、言語もルーマニア語を話す。

モルドバはながらくルーマニアと一緒でもとの名前は「ベッサラビア」。二〇一八年にはベッサラビア誕生一〇〇周年の記念行事も予定されている。

第一次世界大戦でベッサラビアはソ連により分割され、モルドバはソ連圏に編入された。まさにその東西冷戦の残滓がまだ居残り、微妙なバランスの中、政治的な綱渡りを演じているのがモルドバ共和国だ。親西側を鮮明にはしつつも、もう一歩踏み切れないもどかしさ、すぐ東がウクライナだからだ。

そういうわけだからモルドバは政治が難解な伏魔殿である。「影の大統領」と言われるのはブラッド・プラフォトニク前大統領。この人物が政治と経済の実権を握っているのである。石油ビジネスで当て、銀行を経営して財閥となり、テレビ、ラジオ局を牛耳り、「モルドバのアブラモウィッツ」と異名を取る。アブラモウィッツはロシア新興財閥、プーチンに逆らってロンドンに亡命し、サッカーチームを買収したりした、あの政商である。プラフォトニクがモルドバ政治を牛耳ってから外交政策が変わった。プラフォトニクは国会議員を二期務め、モルドバ国会議長も務めた。民主党所属である。二〇一五年までは事実上、政権を担った。

水タバコを楽しむ若者たち

彼は新興財閥、汚職の元締めと言われて評判が滅法悪い。「奴は嫌いだ」とする世論調査の結果は九〇%（ヒラリーもトランプもびっくりの高率)、原因は汚職体質、怪しげな人脈とビジネスである。ところがプラフォトニクがモルドバ経済の実権を握り、政治を支配している。しかも、この人物が背後で操るモルドバ政権が「プロ西側」を標榜《ひょうぼう》しているからややこしい。

モルドバの安定はウクライナ情勢の帰結に深く連動しており、EUが全面支援には踏み切れない理由付けにもなっている。プーチンは沿ドニステルの武装勢力と、ルーマニア国内のプロ・ロシア政党、ならびにモルドバ国内のロシア工作員を通じて一連の地下工作を展開するからだ。

政治腐敗によってIMF、ECBが決めた一億五〇〇〇万ユーロの融資は棚上げされ、頼みの綱だったルーマニア経済はやや下降気味となった。モルドバはガスと原油をロシアに依存しているためロシアに正面から逆らうような政治行動には出られない。この点では水と食料を中国に依存する香港が、独立を主張できない境遇、その政治心理と似ている。

「ルーマニアの政党の多くが地下で彼とのコンタクトがあり、またプラフォトニクは偽名でルーマニア国籍を保有している」(『ユーラシア・モニター』一六年四月二十六日号)

かれは朝令暮改、一貫した政策はなく日々情勢の変化にあわせて政治スタンスを変えるカメレオン政治家でもある。

世論調査でもモルドバ国民は「われわれはルーマニア人だ」とするアイデンティティを強調する比率が過去の一〇%から二五%へと躍進している(『STRATFOR』一六年四月二十二日)。

しかしモルドバは経済的に行き詰まり、繁栄にはほど遠く、かつ国内政治はプロ・ロシアの政党がまだ力を持っており、国民の意識調査では西側への傾斜が明らかではあっても、法体系と治安制度から、多数派には達しない。そのうえロシアのクリミア併合とウクライナの混乱を目撃すれば、急激な政治的路線変更はロシアの介入をまねくことを極度に警戒しているからだ。

ルーマニアは長期的戦略に立脚し、当面はモルドバ議会の多数派であるプロ・ロシア政党と直接的対峙を避けつつ、徐々にルーマニア文化を浸透させ、経済をテコにモルドバのガス、電力のロシアへの依存度を低め（ルーマニアは産油国である）、パイプラインをルーマニアからモルドバへ繋げるルートを開拓し、潜在的意識においてモルドバ国民の西側回帰への覚醒《かくせい》を促す。長期的戦略としては、議会で多数派をしめ、モルドバ国民の多数がルーマニアとの合邦を期待するという環境作りを成し遂げようとするものだ。

旧ソ連型の左翼政党は合計して三八％、対して西側寄りで自由民主を掲げる三つの政党が合計すれば四六％となり、政党間調整がうまく行けば、プロ・ロシア路線を歩むモルドバ政治は終焉《しゅうえん》する。しかしこの国もまた全体主義の呪いからはまだ解けていない。

第四章 南カフカス三ヶ国を往く

（アゼルバイジャン、ジョージア、アルメニア）

トビリシの風景

スターリンはグルジア人だった

ドライフルーツを売る老女
（アゼルバイジャン）

「黒海をNATOの湖にはさせない」（プーチン）

黒海における軍事的主導権をめぐって、NATOとロシアとの間に緊張関係が続いている。二〇一五年十一月二十四日にトルコ軍機がロシア戦闘機を撃墜した。爾来《じらい》、両国の軍事緊張が続き、発言はエスカレートするばかりだった。「黒海をロシア海軍が自由に遊弋《ゆうよく》する湖とはさせない。したがってNATOは海軍の強化を急げ」とトルコが発言すれば、すかさずロシアは「黒海をNATOの湖にはさせない」と対抗した。

ロシアの黒海艦隊は地中海艦隊と連動しており、海賊退治では、NATOとロシアの黒海艦隊は協力し合っている。地中海には米海軍の空母のほかフランスの空母も投入されたが、ロシアと中国海軍の艦隊も合同軍事演習を展開した。ロシアはシリアに海軍基地を確保している。石油輸出中継の拠点である。

トルコのエルドアン大統領は「黒海はほぼロシア海軍の湖と化している。この状況を打破する必要がNATOにはある」とEU諸国にも対応を急がせた。

現在、ルーマニア海軍をテコ入れして、ルーマニアの港湾を母港とする艦隊の編成計画を発表している。ウクライナのポロシェンコ大統領はこの動きを容認する態度を見せ、ロシアは苛立《いらだ》ちを隠さない。黒海艦隊の母港はセバストポリ（クリミア半島）だが、オデッサという良港はウクライナの南西部に属していて、ロシア海軍が使えないからだ。
またロシアはインドの西側への接近に異常な関心を寄せている。インド海軍は米軍との共同演習を行い、近く米国からもハイテク兵器の導入を決定しているが、従来のロシアとの同盟関係からインドの兵器体系は九〇%がロシア製である。ロシアは衰退傾向のＢＲＩＣＳのテコ入れを盛んに参加国に呼びかけ、インドの過度な西側寄り外交に牽制《けんせい》球を投げている。

アゼルバイジャンの首都バクーから眺める黒海

米国の間接的目標はインドへの影響力を強め、ＢＲＩＣＳの存在意義を相対的に減殺することだが（現実に原油価格下落によってロシア、ブラジル、南アの三ヶ国はＢＲＩＣＳどころではなくなった）、インドはといえば、訪米したモディ首相の言動を追っても、ついに南シナ海の中国の軍事行動を非難せず、米印同盟は経済の分野のみに限定するかのような発言を繰り返したためオバマ政権をがっかりさせた。

こうした状況下、カフカス三ヶ国を歩いてみた。
カフカスの三ヶ国はカスピ海と黒海に面し海への出口

がないことで共通している。グルジアはジョージアと英語読みに国名を変えて、ぐんと西側寄りだが、アゼルバイジャンはロシア寄りで、アルメニアは微妙な政治姿勢を続けている。

南カフカス三ヶ国のことを書く前に北カフカス、とりわけ凶暴なマフィアならびにＩＳの中枢部隊を担うチェチェンに関して最近の動きを見ておこう。なぜならカフカスの南の地域はまだ戦火の臭いが残っているからだ。

ＩＳ（イスラム国）の戦闘部隊の中枢は凶暴性、残虐性で世界に悪名高きチェチェン人である。ロシアはチェチェンの反乱に懲りて、ようやく武装組織を鎮圧したが、戦闘集団の多くのメンバーがシリア、イラクへ移動していた。このためロシアは過去二〇年間、チェチェン、イングーシュ、タゲスタンなど少数民族地域からの徴兵を中断してきた。

この間に新しく育ち、徴兵適齢期に達した若者は八万六〇〇〇人にのぼることが判明し、失業対策の一環としても、そろそろこれらの地域からの徴兵を再開する方針を固めていた。

一部の地域では実際の徴兵を開始した。ところが徴兵再開の動きを察知した若者は蒸発するか、反政府武装グループに身を投じるなど反対の動きが活発化し新しい頭痛の種となった。

第一にチェチェン、イングーシュ、タゲスタン出身の兵士に対してロシア連邦軍の中に明白な出身地差別があった。

第二にロシア人の若者が兵役を嫌い、また両親が子供らを戦場におくることを極度に嫌がる社会風潮ができあがったため軍の中の秩序に新たな変化が起きていた。

第三にチェチェンから徴兵に応じた若者がわずか五〇〇名、ダゲスタンでは徴兵適齢の若者のうち一八〇〇名しか居住しておらず、二〇〇〇名が「蒸発」していた。こうした事実などから、ロシア軍の中で依然として少数民族への差別が顕在化していることを物語る（アフガニスタン戦争時でもロシア兵は温存され、おもにカザフ、ウズベク、そしてベラルーシ人が戦場の前線へ送られた。ベラルーシの犠牲は一万五〇〇〇人を数え、ミンスクの町のど真ん中に供養塔が建っている。それほど民族差別が強かったのだ）。

いまのロシア国民の意識は、かつて「大祖国戦争」のためには兵役に馳《は》せ参じたというソ連時代のメンタリティとはまったく異なって兵役忌避である。

北カフカスから徴兵適齢期の若者が数千人という単位で蒸発したが、これらの地域にはモスクワの統治に従わないチェチェン、イングーシュ、タゲスタンなどが含まれ、彼らはソ連時代から凶暴なマフィアとして地下経済に従事し、ロシアにとってもっとも脆弱《ぜいじゃく》な下腹部を構成してきた。ロシア情報部の調査ではロシアとカザフスタンの国境付近にＩＳのアジトが発見され、ウクライナでもテロ出撃直前の過激派が逮捕されるという事件が続いた。

またエカテリンブルクへのテロ攻撃を仕掛けようとしていたテロリスト容疑者をＦＳＢが拘束したが、これらの動きからＩＳが近いうちにロシア国内で自爆テロを仕掛ける準備をしているものと事前の警告を発するに到った。ウクライナで拘束されたＩＳのメンバーは二五名、このうち一九名がロシア国籍で、いずれもシリアの軍事拠点からトルコを経由してウクライナに入国していた。

アルメニアは資源欠乏、経済が迷走中

アルメニアへ入った。この国はビザが必要である。

アルメニアは文化も宗教も古く、自尊心が高く、中国で喩《たと》えると朝鮮族の多い吉林省、そして満洲・蒙古族が多い黒竜江省だろうか。多民族国家であり、政治は複雑な要素が折り重なってじつにややこしい。領土争いをする隣国アゼルバイジャンとは仲が悪い。アゼルバイジャンは民族的にトルコ系、宗教はイスラム、アルメニアはギリシア正教会系アルメニア正教だ。

世界の流浪民族の「大手」は四つ。ユダヤ人は国を滅ぼされ、二〇〇〇年間世界各地を放浪したあげくシオニズム運動がおきてイスラエルを建国した。クルド人はイラク、イラン、トルコなどに一五〇〇万人も分散しているが、まだ国家として認められない。ロマ（ジプシー）は世界各地の底辺で組織化されないで生きている。そしてアルメニア人は世界に散っておよそ一〇〇〇万人が欧米、イランなどにコミュニティを形成している。もともとの古里＝カフカスの南の山岳地帯には歴とした国家が存在している。

アルメニアといえば、コニャックの名産地、世界で初めてキリスト教を国教とした国として知られる。文明はいたって古く紀元前数世紀に樹立された国家であり、伝統的な文化と文字を持っ

ている。三九の文字はキリル文字の祖先ともいわれ、「文字公園」がある。

アルメニアは地震国で海の出口がなく、世界的に有名なアララット山はいまトルコ領土に編入されている（露土密約による）。

このアララット山の雪解け水を使うコニャックが世界的なベストセラー。だから紙幣のデザインはアララット山、アルメニア国民のこころの拠り所もアララット山。一〇〇年近くもトルコに領土を奪われていることになり、実際に飛び地＝ナゴルノ・カラバフをめぐって戦争をしたアゼルバイジャンに対してより、トルコへの恨みのほうが深い。

アルメニアはトルコが一九一五年の第一次世界大戦のどさくさに五〇万人を虐殺したとして国際世論に訴え、フランスやドイツでは「あの虐殺はなかった」という言動を吐くと罰金、収監されるほどの「犯罪」となる。トルコはアルメニアのいう虐殺を真っ向から否定しており、「事故扱い」である。

それはともかく山国ゆえに河川の水は綺麗《きれい》で農業用水も張り巡らされている。琵琶湖の二倍もある淡水湖＝セヴァン湖では湖水魚が多く獲れる。しかし水力発電に限界があり、かといって地熱発電も施設が不十分、鳴り物入りの原発も建設が大幅に遅れている。となれば電力不足は恒常的。二〇一五年八月一日からは一七％弱、電気料金が値上げとなった。

北東に位置する隣国＝アゼルバイジャンは資源リッチゆえ、ガソリンは安い。このアゼルバイジャンからの石油パイプラインとロシアからのガスに依存するアルメニア、北の隣国＝グルジア

（ジョージア）と同様に電力とガソリンが高いのだ。

国土の一三％が森林地帯だが、南と北に集中しており、その付近はダムも多い。

ところがアルメニアの電力はＥＮＡが寡占する。このＥＮＡという会社、じつはロシア企業で、しかも赤字なのだ。昨今、ロシア通貨ルーブルが下落したためアルメニアの通貨＝ドラムも一ドル＝四一〇Ｄから四七五Ｄへと連動して下落し、インフレが再燃、経済的に苦境に陥った。

これまでは牧畜を主体に、チーズ、乳製品の輸出、果物とくに葡萄《ぶどう》などで外貨を稼いできたが、近代的工業化に出遅れ、若者は国を去って外国へ出稼ぎに行く。驚くべし三〇〇万人の国民が二五〇万人に減った。理由は若者の出稼ぎである。

若者がロシア、イランにもイスラエルにも、そして欧州各国と米国に出てゆくため各国にアルメニア人のコミュニティがある。ギリシア危機に遭遇したときは出稼ぎからユーロの送金がこなくなって悲鳴を挙げた。

アルメニア出身の有名人といえばカラヤン、ミコヤン（元ソ連外相）、そしてハチャトリアン（名曲「剣の舞」の作曲家）、サローヤン（小説家）がいる。みな最後が「ン」という姓名はアルメニア特有である。ハリウッドスターのシルベスタ・スタローンの風貌《ふうぼう》を思い浮かべると良いが、アルメニア人の典型的な顔である。しかも「ン」で終わる。ところがスタローンはアルメニア人ではなく、父親はシチリア（イタリア）、母はロシア系ユダヤ人であるがこれは余談。

さてアルメニアへはアゼルバイジャンからバスで入国した。国境でビザが発行される（査証は一〇ドル）。乗用車、トラック、バスの長い列がある。新車も多いが乗用車はドイツより圧倒的に日本車である。

首都のエレバンは紀元前から開けた。じつに美しい街でこぢんまりとまとまり、中世を感じさせる。この街でどうしても見たいと思っていたのはアルメニア正教会の総本山だ。ローマより早く、この国でキリスト教が国教となったから伝統の時間的距離が長い。

総本山の敷地は広く、広場は数万人が一堂に集まって祈禱《きとう》できる。ここには世界中から信者と観光客が押し寄せる。例外的に中国人をほとんど見かけない。あの世界中に爆買いツアーに出かける彼らがアルメニアで少ないのはビザを制限しているからだ。

アルメニアは全土が山岳地帯だが、標高差が激しい。二〇〇〇メートル近い高地に開けるセヴァン湖では水上スキー、遊覧船、海浜リゾート風のホテルがあるが、エレバンから二時間かかるため庶民は市内にあるアクアセンター（プール主体の総合娯楽施設）で過ごす。入場料一〇ドル、飲み物食料持ち込み禁止だから家族で行くと一〇〇ドル近くとなる。ちなみにアルメニア国民の平均月給はわずか一五〇ドルだからアクアセンターにしても、せいぜい年に一度しか行けない。

エレバン市内は綺麗なバスも走り、街区は清潔でビルも建ち並ぶ近代都市に変貌している。これは外国で成功したアルメニア人実業家が寄付したものである。

そういえばジョージアもウクライナも、外国で大成功した人々が帰国し大統領となるケースが多い。

アルメニア総本山の教会前で

経済的にはまだうまく機能しない。ソ連時代の計画経済ではアルメニアの石材や鉱山経営が赤字でも続行されたが、ソ連から離れると鉱山経営はたちまち立ちゆかなくなり三分の一が閉鎖に追い込まれた。ほかにこれといった産業はコニャックとミネラルウォーター製造メーカーくらい。だから若者は外国へ出るのだ。

表現の自由、結社の自由を回復したアルメニアだが、計画経済失敗の悪影響がまだ残っていて経済的離陸は果たせないのである。

ジョージア（旧グルジア）のワインは美味だけれど……

グルジアといえばワイン、モスクワで一番美味い料理はグルジア料理というのが相場である。文明史的には古い国であり、独自の文字を持つあたりはアルメニアと兄弟分。東方正教会系のグルジア正教会はロシア正教より先輩格である。歴史的独自性からロシア読みの国名「グルジア」を英語風の「ジョージア」と改称した（日本政府も二〇一五年六月より、これに従う）。

地形は山岳地帯が多く高低差があり、つまり葡萄が美味い。黒海に面する西側と山側とではやや文化が異なるが、グルジアワインは世界的に有名である。夕食ごとに違う銘柄を試してみた。日本にはあまり輸入されていないが欧米では仏蘭西ワインとならぶほど人気がある。

首都のトビリシ市内にはいくつかの博物館と美術館もあるが、午前一〇時開館というのは不便このうえない。近郊から山岳へ拓けた「軍用道路」をロシアのほうへ辿《たど》ると高原に咲き誇る花々も種類が多くて名前のないものもある。菜の花に似た黄色い花の名を聞くと「名前はないので『馬の餌《えさ》』と呼びます」とガイド嬢が説明したとき思わず笑った。

グルジアもまた外国へ出稼ぎに出る特性があり。四五〇万人の国民の、じつに四〇万（一割弱）がロシアなどへ金を稼ぎに行く。この国ではルーブルも使える。両替商が町のあちこちにある。せっかく独立を果たしたが、ロシアへの感情は二律背反。派手に戦争をやらかすかと思えば貿易依存度が高いので、沈黙に甘んじたり、またガス供給を絶たれるとウクライナ同様に干上がるのでロシア批判を控えめにしている。しかしこの国には言論の自由がある。

ギリシアの債務危機のトバッチリは日本にも株安をもたらしたが、そのギリシアに「出稼ぎ労働者」を二〇万人も送り込んでいるため経済的な被害は深刻だった。一日にATMから降ろせる預金は上限が六〇ユーロ。このためギリシアから出稼ぎ組の仕送りが中断した。ギリシアから毎月ジョージアへ向かう送金額は一三三〇万ドル（出稼ぎのトップはロシア）、ロシアからも景気低迷で出稼ぎからの送金が途絶えがちとなり、ジョージア経済も悲鳴を挙げた。

さらに追い打ちをかけるややこしい事態が出現した。

ＩＳがチュニジア、クエート、エジプトなど数ヶ国で爆弾テロを展開し、一〇〇名近くが犠牲となって世界を震撼《しんかん》させたが米国務副長官のトム・マリコノスキーは「ＩＳは北カフカスに『カリフ管区』設立を宣言した」と発言した。

この北カフカスとジョージアは「軍用道路」で直結している。チェチェン、イングーシュ、タゲスタン、オセチアなどイスラム過激派の巣窟《そうくつ》であり、とりわけ凶暴マフィアとして知られるチェチェンからＩＳに加わっている戦闘員が多い。危険地帯のロシア側の北カフカス諸国と軍用道路で結ばれている南カフカスのジョージアの山岳地帯に過激派が多く、東方正教系が多数派とはいえ、同国にはモスクも多数あって宗教対立が続いているのだ。

軍用道路沿いの高台には最古の教会、アナヌリ教会や大聖堂、十字架峠は海抜二三九五メートルのカズベキ山の麓《ふもと》にはサメバ教会など観光資産も数えきれず、教会の名前を覚える気力もなくなった。

トビリシ市内にはローマ風呂が営業中で、ケーブルカーで高台にあがると全域を見渡せる。遠方に聳《そび》える大宮殿は、現在の大統領府である。

アルメニア教会、モスク、そしてシナゴーグが旧市内では隣接し共存している現実も典型的な多民族国家を象徴している。

カフカスは民族、宗教が入り乱れる輻輳《ふくそう》した山岳地帯だから山一つ越えると方言が異なる。ジヨージア出身の大政治家はスターリン、北カフカス出身はゴルバチョフである。だからあちこちの土産店ではスターリングッズが売れていた。

（あの独裁者を崇めるなんて）とばかりに観光客が不思議な顔をしているのが印象的だった。

ジョージアの総選挙は二〇一六年十月八日に投票が行われ、与党が勝利した。サアカシビリ前大統領が率いた「統一国民運動」は第二党となり、親米欧で外交路線は確定した。

すでにジョージアはNATO加盟前段階としてのNATO連絡事務所をトビリシに開設、またEU加盟前段階としてEUとはFTA（自由貿易協定）も調印している。一六年十月からはグルジア人のEU渡航ビザ不要を認めた。

ロシアの苛立ちが見えてくるような、親EU、親NATO路線である。

スターリングッズはグルジア土産

アゼルバイジャンと拝火教

カフカスで一番豊かな国は産油国のアゼルバイジャンだ。目の前のカスピ海の海底には石油の埋蔵が豊か、原油相場が高騰した時代に急成長を遂げた。

首都バクーは人口二〇〇万人。摩天楼が林立し、大型ショッピングセンターは雑踏のように賑わい、高級住宅地は公園を挟んで超高価マンションが軒を競う。周辺を行き交うのはベンツ、BMW、レクサスなどが多く、他方で道路を早朝から清掃しているのは外国人労働移民。大きな所得格差を見せつける。三井物産はここに七〇億ドルを投じて総合石化プラントを建設する。

驚きが続く。目の前のカスピ海は高台から一望できるのだが、景色を見ると、バクーは一級のリゾート地だという別の顔を見せる。豪華ホテルが多く、西側諸国からの観光客が夥しくなった。数年前までアルメニアと戦争をしていた国とは思えない。

げんにADB(アジア開発銀行)の二〇一六年度の総会は首都のバクーで開催され、日本からは麻生財務相が出席している。

アゼルバイジャンは独特ともいえるイスラム世界風な独裁体制にあって、旧ソ連の書記だったアリエフの二代にわたる「王朝」が築かれ、ロシアと同様に原油代金の下落によって二〇一五年からは経済発展に急激なブレーキがかかった。米大統領選挙の共和党候補ドナルド・トランプがこの国の首都バクーにトランプタワーという摩天楼を建てている。ただし一六年十一月現在、九〇%の工事途次で、資金切れ、工事は中断となっている。デベロッパーでトランプのパートナーは、このアリエフ大統領の一族である。

アゼルバイジャンが「火の国」と言われる所以《ゆえん》は、おそらく拝火教の伝統からきている。イスラム教シーア派だが、地付きの伝統として、いまも生きる拝火教のシンボルは戦没者を祀《まつ》る高台に登ると永久の火が燃えていることに繋がっている。

経済は活況を呈し、バクーの都市としての近代化は驚異的スピードで進捗《しんちょく》した。「数年の間に、町の様相はまったく一変した。かつては小道が入り組んでいた中心地は、小規模な家屋、店舗と小道がまるごと撤去され、大きな建物ばかりが建ち並ぶ」（広瀬陽子『未承認国家と覇権なき世界』）。地下鉄あり、港湾は近代化され、ガラス張りの摩天楼が国会議事堂の周りにも三棟。こうした近代化のことはともかく、旧ソ連の構成国であったアゼルバイジャンはソ連崩壊後、いかようにして民族的自由、宗教、そしてナショナルアイデンティティを確立したのか。あるいはできなかったのか。

グルジア大統領府は王宮のごとし

広瀬陽子『アゼルバイジャン』（ユーラシア文庫・群像社）に「火の国」あるいは「風の国」と呼ばれるアゼルバイジャンについて詳しい報告がある。

「ロシア革命後、ソ連憲法では名目的には宗教の自由は保障されていたが、ソ連共産党は、『宗教はすべてアヘン』として『無神論』を説き、多くの教会やモスクを破壊し、人々の信仰は実質的に抑圧された」

中国と同じように共産党が指導するニセ宗教団体のみ許さ

れた。「しかし生来的な文化・制度的素地により、地縁血縁が重んじられ、政治経済においてもそれらが強く影響してきた」。

だからマフィアのネットワークが張り巡らされ、「早くから非ロシア人の民族エリートが強い権力を握ってきた。これは石油・天燃ガスを産出し、また地政学的にもソ連の国境の一部を占め、またムスリム諸国と国境を接する位置にあったことなどから、安全が重視されたため」（広瀬前掲書）。

トルコと強い連帯で結ばれた時代もあったが、アリエフ大統領が神格化を演出し、民主化の概念だけを強めた社会を出現させた。つまり民主化を偽装し、西側にビジネスで近づいた。アゼルバイジャンは歴史的には被抑圧、被侵略を繰り返され、言語体系一つをとってもアラブ、ロシア、トルコが入り交じり、文字はラテンからキリル、そしてふたたびのラテン系と何回も変動を重ね、その過程で近代にはいってからはアルメニアとは宿命の対決を繰り返し、また地域によって少数民族が点在しており、ときに流血の惨事が引き起こされてきた。

全体主義の呪いはまだ解けたとは言えないが、観察した限りでは急速なグローバル化が進んだ結果、トルコとの紐帯《ちゅうたい》と同時にイランに残留したアゼル人との交流が再開され、繁栄がやってきた。アリエフ大統領王朝は、ひとまず安定した。

イメージにおけるアゼルバイジャンはソ連の片田舎、世紀のスパイ＝ゾルゲの出身地だからき

アリエフ大統領の肖像はあちこちに

っと陰鬱な土地に違いないと筆者は踏んでいたが、大間違いだった。

アゼルバイジャンの国旗は三色で青はトルコ民族を意味し、緑はイスラム、赤がなぜか近代化を意味する（普通、共産化を意味するのだが？）。

アゼルバイジャンの紀元前のご先祖はアルバニア人である。しかしその後、ペルシア、モンゴル、トルコ帝国が入り乱れ、近世の始まる頃にトルコ系（つまりモンゴル系遊牧民）が多数派となった。ゆえにアゼルバイジャンはトルコとの連帯感が強い。面積は北海道よりちょっと大きいくらいで、人口は一〇〇〇万人弱だから人口稠密《ちゅうみつ》である。

このアゼルバイジャンは共産党時代の自治共和国書記長だったヘイダル・アリエフが独裁者として君臨し、事実上の「アリエフ王朝」

を樹立した。トルコ系のカザフスタン、ウズベキスタン、トルクメニスタンも同じパターンで、これら中央アジアの三ヶ国も独裁王朝が続いてきた。

石油が豊富なため、日本とてアリエフ大統領が来日したときに大歓迎したし、欧米も甘やかせた。彼はニューヨークの病院で死んだ。いま息子のイルハム・アリエフがこの国を統治する。「開発独裁」の典型ともいえる。言論の自由はみせかけだけで政府系の建物となると、やけにピカピカ輝いている。

「殉教者の小道」という慰霊公園は日本で言う靖国神社。旧ソ連末期の軍事衝突と対アルメニア戦争で犠牲となった人々を祀る拝火教寺院風の建物（「火焔《かえん》タワー」という）ではいまも真っ赤な火が燃え続けている。

国民の主体はトルコ系だが、宗教はたぶんに拝火教が土台となったイスラム教のシーア派である。だがイランのような厳格さはなく、世俗的でベールを被った女性はほとんどいない。シーア派世俗主義は珍しいと言えるが、ソ連時代に宗教が禁止された所為で「コーラン読み」や高僧が激減したからだ。

アゼル人の国民性は徹底的に陽気である。ムスリムなのに酒を飲み、踊りと歌が大好き。イスラム世俗主義ゆえに宗教的戒律は緩く、バクー市内には朝まで営業しているバーが十数軒、寿司バーもある。入れ墨店に加えて、怪しげな同性愛バーもあった。

とくに新市街の「ニザミ通り」は「バクーの銀座」、ルイヴィトン、グッチ、ディオール、シャネルと何でもござれで、その裏道が深夜営業のバー通りだ。タクシーもつかまえやすく、運賃も安い。ガソリンが安いからだ。バクーで雇ったガイドは本職が高校教諭、夏のアルバイトで英語の通訳をしている。日本語はさっぱりという。

国名のアゼルバイジャンというのは「火の国」の意味がある。つまり古代ゾロアスター教の巨大な影響力が秘められている。イランのヤスドにも火が燃え続ける拝火教寺院があるが、首都バクーにも古代からの拝火教寺院が残る。この地のイスラムはイラン同様に拝火教の強い伝統のうえに乗っかっている。

バクーは油井が林立する。とくにカスピ海の海底油田が主体で、飛行機から眺めると海面は採掘リグがびっしりと並んでいる。ただしカスピ海に面していても海の出口がないので大型タンカーの輸出は不可能。それでもパイプラインでグルジア経由トルコへのルートを活用した輸出は一日一〇〇万バレルだ。したがって国民の生活は豊かになった。

しかし好況は長持ちしなかった。

二〇一四年から原油価格の下落にともない、通貨（マナト）が三三％切り下げられた。苦境はインフレ、不動産ブームがたちまち冷却化して、工事中断のビルもあちこちに目立つ。この点で高層ビルの少ないジョージアやアルメニアとは比較にならない。

言論は極端に制限され、新聞は体制御用達《ごようたし》メディアしかない。それでも民衆が抗議行動を取らないのは石油リッチで収入が豊か（一人当たりのＧＤＰは八〇〇〇ドル）だからである。

世界遺産の「乙女の望楼」（十二世紀の石壁楼）と「シルヴァン・シャフ・ハーン宮殿」（モンゴルはここも通過した）をさっと見学したあと、筆者は田舎町へ向かった。

途中に点在するのが隊商宿（キャラバンサライ）、これは楕円《だえん》形の城のような大型のものもあり、一般的には広い中庭をしつらえ葡萄を栽培している横に大きなパン焼き釜（ナンが主食）。

このキャラバンサライを見て既視感に捕らわれた。これは中国の福建省から広東省北部の山岳地帯にある客家土楼に似ている。城のような建物の中庭が農場と牧場、人々は固まって暮らした。隊商は山賊・匪賊《ひぞく》を避けるためラクダ部隊を集団化し固まって移動し、砦《とりで》のような宿に団結して泊まったのだ。そうした古き良きシルクロードの原点ともいうべき建物群が残っていた。

ガバラはこぢんまりとした坂の町、ショッピング街もあるが、品揃えが劣悪、スマホの店だけが現代的である。

驚いたのはショーケースなど、夜も外に出しっぱなしである。きっと泥棒が少ないのだろうと思った。ホテルは外見は美しいが熱湯は出ないし、冷蔵庫は機能せず、テレビは外国番組が入らなかった。観光のインフラ整備はまだまだ遅れている。

この国の発展は産業的に偏頗《へんぱ》な構造のままであり、本格的な先進国入りには時間がかかるだろうとの印象を抱いた。

第五章 中央アジアのイスラム五ヶ国（ウズベク、カザフ、キルギス、タジク、トルクメニスタン）

トルクメニスタンにある中央アジア最大のモスク

古城のそばにあるゲル（ウズベキスタン）

ウズベクおじさんのオブジェ

凶暴と悪政のタジキスタン

忘れられた中央アジアの小さな山岳国家の一つがタジキスタンである。

一九七九年十二月二十五日、クリスマス休暇を愉しんでいたアルノー・ド・ボルシェグラーブ（当時、『ニューズウィーク』編集長）は緊急の電話でたたき起こされた。「ソ連がアフガニスタン侵略」という衝撃のニュースだった。彼にはソ連との諜報戦をスリリングに書いた『スパイク』（邦訳は早川書房、絶版）という小説もある。八八年だったか、このボルシェグラーブをワシントンに訪ねてインタビューをした。戦争と陰謀の暗黒を見つめてきたジャーナリストだけに、ソ連批判の歯切れが良かった。

ソ連はタジキスタンから戦車隊を投入し、武装ヘリを飛ばし、以後、泥沼のアフガニスタン侵略戦争が続いた。モスクワでは母親たちが「子供を戦場に送らないで」とデモを行った。

結果的にソ連瓦解の引き金ともなったアフガニスタン侵攻だが、米国、英国の戦争の遣り方と同じく、白人兵士を温存し黒人兵を前線に送り込んだ。負けたら白人はさっさと降伏する。アフガニスタン戦争でもロシア人は優遇され、少数民族の兵士が最前線で戦った。この戦争で最前線に送られたのはタジク人、そしてウズベク、カザフ、キルギスなど中央アジアならびにウクライナ、ベラルーシの人々だった。とくにベラルーシの兵士はアフガニスタン戦争で一万五〇〇〇人が犠牲となったことは述べた。

荒廃したアフガニスタン、ソ連が逃げ去り、タリバンの狂信的政権が出現し、その国土を利用して軍事基地化したアルカイーダはタンザニアとケニアの米国大使館を襲撃し、数百の血の犠牲が出た。ソ連は解体し分裂し、ロシアは再生に忙しく、アフガニスタンがどうなろうとクレムリンの関心事ではなかった。

アフガンを拠点としたアルカイーダの米国大使館テロは、米国を怒らせるのに十分だった。最大の敵だったソ連が消えたと思いきや、新しい敵はテロリズム。それも神出鬼没だ。ただちに報復に出たクリントン政権はアフガニスタンのアルカイーダの秘密基地にトマホーク・ミサイルを五〇発お見舞いした。アフガニスタン政府はそのトマホーク・ミサイルの不発弾を中国に売った。

九・一一テロのあと、ブッシュ政権はアフガニスタンに本格的な軍事介入をしたが、米軍主体の多国籍軍もタリバン兵士にさんざん悩まされた。


タジキスタンの首都はドシャンベという。

タジク語で「月曜日」という意味の首都は人口が六七万人。大都会とはいえ混沌《こんとん》雑然としたウランバートルのようで、これという商業施設も工業地帯も団地もない。

近代的な工場もない。ハイテク企業はあるはずがない。摩天楼もほとんど建っていない。アフガニスタンの首都カブールの荒廃ぶりと同じで経済的離陸は困難であり、ロシアはとうに見放した。

間隙《かんげき》を衝いて徐々に地下水が染みいるように中国人がタジキスタンに入り込んだ。

二〇一一年、タジキスタン政府は懸案だった領土係争で、パミール高原の一〇〇〇平方キロを中国に譲渡した。ラフモン大統領独裁下での取引で金額は明らかにされていない。

最初は札びらで相手の顔をひっぱたき次々と農地を四九年契約で借り受け、こうした金融支配がスタートとなった。ドシャンベ政権はロシアもインドも投資の胴元としては当てにはしておらず、また民族的宗教的紐帯があるはずのイランからの投資も限定的。日本企業など影も形もない。

タジキスタンは水と鉱物資源に恵まれている。筆者は二〇年ほど前に、この国の北西部ペンケントという町へ行った。ウズベキスタンのサマルカンドから車を飛ばして入国したのだが、当時の混乱で、国境は警備兵もいない。国境の看板だけあった。いま、この国境は閉鎖されている。

二〇一六年七月現在、タジキスタンにいる中国人は驚くなかれ、一五万人（『ユーラシア・ディリー・モニター』二〇一六年八月二日）。

彼らは農地、水源地を取得し、工場を建て、そして労働者、農民を招き入れた。気がつけばタジキスタンは中国の「経済植民地」と化けていた。これを「SINIFICATION」（シナ化）という。

現地人を雇用しない、水源地を確保されるとタジキスタンの安全保障はどうなるのか、住民の抗議行動がおきるや中国企業は多少のタジク人を雇用したが、奴隷のようにこき使ったため、またも反中暴動の一歩手前の状況となった。

中国は狡猾《こうかつ》で表面的に派手な動きを見せないが実質的な利益を確実なものとして、静かに活動を続ける。中央アジアのかつてのソ連に所属したイスラム国家ではカザフスタンもウズベキスタンもキルギスもタジキスタンも、ＳＩＮＩＦＩＣＡＴＩＯＮが静かに進行している。

なぜ静かなのかと言えばかつての宗主国ロシアのご機嫌を北京が損ねてはいけないからである。中国は長期的戦略に立脚し、地政学にのっとって、着々と「陸のサラミ作戦」を展開しているということである（南シナ海で、サラミの薄切りのように気がつけば軍事施設ができていた。これを「サラミ作戦」という）。

キルギスだけは民主化したが……

中央アジアの美しい山国はキルギス（旧キルギスタン）である。どの景色を見ても絵はがきになるようだ。

数年前に南部のオシェで暴動が起きたとき、中国は四機の特別機をオシェとビシュケクに飛ばして、在留中国人五〇〇余名を引き上げた。見事な撤収作戦と言って良かった。

キルギスは牧畜、農業のほかに鉱山資源に恵まれているが、まともな産業がなく、多くの若者はロシアへ出稼ぎに出ている。首都のビシュケクには日本食レストランもあるが、駐在日本人はＪＩＣＡを中心に五〇名前後。経済援助は日本がトップクラスだが、存在はなきに等しい。圧倒的な存在感があるのはロシア、ついで中国である。

東日本大震災で、福島原発に危機が迫るや、在日中国人一八万人がどっと日本から去った。逃げるのは一流である。カダフィ大佐が殺害され、トリポリとベンガジが内乱状態となるや、一〇〇もの中国主導のプロジェクトを擲《なげう》って、中国はフェリー、バス、飛行機を最大限動員し、リビアからは三万六〇〇〇の中国人労働者を引き上げさせた。

ベトナムで反中暴動が起きたときは四名の中国人が殺害されたが、直後、飛行機、艦船、フェリーを派遣し、八〇〇〇人の中国人労働者、エンジニアを引き上げた。

しかし、当時から筆者は疑問に思っていた。

なぜ山国のキルギスの、そのまた深奥部のオシェに中国人が五〇〇〇人もいたのか？

当時、米軍はアフガニスタン戦争の兵站《へいたん》基地としてキルギスのマナス空港を基地として借用していた。マナス空港には米海兵隊が二〇〇〇名規模で駐屯しており、筆者はわざわざタクシーをチャーターして見に行ったものである。

ビシュケク郊外のケント地区にはロシア軍の駐屯地がある。米軍は撤退したが、ロシア軍はいまもキルギスにいる。キルギスは民主化されたとはいえ、くるくると政権が交代し政情不安が続き、民主選挙で初代大統領に選ばれたアカエフは地質学者だった。就任後、三年もしないうちに汚職事件に巻き込まれモスクワへ亡命した。

総括的に言えば、中央アジアのイスラム国家群はロシアの影響力が稀釈化しており、言語も英語が一部に普及するようになり、キリル文字からアルファベットへの転換が顕著となった。それは街の看板の英語表記増加で判然とする。

米国の文化的・政治的影響力は強く、民主主義、人権なども若い世代の間では真剣に討議されるようになった。カザフスタン、キルギス、タジキスタンは中国と国境を接しており、また一番西側のトルクメニスタンは中国へ支線を含めて八〇〇〇キロのパイプラインを敷設《ふせつ》し、ガスを輸出しており、経済的結び付きは中国がロシアを代替したといえる。


キルギスの南部で発生した暴動は潜在していた民族紛争の火に油を注ぐ結果となって殺戮《さつりく》が行われ、民家は放火された。政府庁舎も焼き討ちにあい、燃えた車が四〇〇台、ガス水道電気がとまり無政府状態となった。

南部最大のオシェとジャララバードには非常事態宣言と外出禁止令が発令され、ウズベキスタン国境目指してウズベク系の難民が三〇万人もおしよせ、国境を開いた間に八万人が越境した。日本のマスコミはほとんど伝えなかったので知らない読者がいるかもしれない。

このキルギスは人口的に七〇%がキルギス人、一五%のウズベク人、そして少数のタジク人とロシア人が住む。中国系は少ないとされ、北東山岳部にドンガン族（中国人だがイスラム教徒）が数千人。

キルギスは北部と南部でまったく国が異なるほどの対立関係にあり、前大統領のバキーエフは南部ジャラライバード出身。その前のアカーエフは北部出身。もともと激越な敵対関係にあった。とくに南部のオシェは人口二五万、反北部感情が強くオトゥンバエワ前大統領を支持しなかった。名馬の産地として有名なフェルガナ盆地はキルギスの脇腹にぐっと食い込むウズベキスタンの飛び地だがウズベク政府の統治が及んでいない。

このように領土と地理環境もややこしく、ここが反ウズベク政府運動（一六年八月に急逝したカリモフ反対派）のメッカだ。過激派が盤踞《ばんきょ》し、一九九九年にＪＩＣＡ職員四名が誘拐されたこともある。

一九九〇年にもキルギス系住民とウズベク系住民が武力衝突し、数百名が死亡した。このときはソ連軍が介入した。

ともかく宗派と民族が入り乱れてのモザイク社会、強圧的政治が去るとかつてのユーゴスラビアの血なまぐさい内戦（セルビアvs.クロアチアvs.ボスニアvs.コソボvs.マケドニア）が突如勃発《ぼっぱつ》したように、ある日突然、潜在的民族対立に火が付くという近未来のシナリオは否定できない。

この暴動に際して、北部に位置する首都のビシュケクではオトゥンバエワ臨時大統領がモスクワへ何回も電話をかけてメドベージェフ大統領（当時）に軍隊の派遣を要請した。しかしクレムリンは「それは内政問題だ」として軍派遣を冷たく断った。あきらめずオトゥンバエワ大統領はプーチン首相（当時）にも電話をかけロシア軍の急派を要請した。

最悪の状況に陥ったのはバキーエフ前大統領の強い地盤であるジャララバード。町ではウズベク系と見られるだけで殺害された。

結局、二〇〇〇人以上が犠牲になったとされる（公式発表は死者二九四名）。現地の風習では死者を日没前に弔い、埋葬してしまうため、正確な犠牲者の数字の把握は難しい。

この国でも最大の問題は中国だ。反中国感情が拡がっていた。

二〇一六年八月二十九日、キルギスの首都ビシュケクの町のど真ん中にある中国大使館に車がつっこむという自爆テロが起きた。運転手が自爆して死亡、警備の三名が負傷した。爆発は郊外からも煙があがっている場所が確認された。

ビシュケク市内中央を縦断するマナス通りと大統領府のあるチュイ大通りが交差する角に中国大使館が建っている。北向かいが緑豊かなマナス公園で、マナス大王の銅像が立ち、南方向のはす向かいにロシア大使館（ちなみに日本大使館はずぅっと南の鉄道駅に近い）。

マナスはキルギスの伝説上の王様、日本で言えばヤマトタケル、国際空港の名前もマナス空港だ。

ビシュケクにおける中国の存在感は圧倒的になりつつあり、辻々に中華料理、カラオケ、複合ビル。ロシア人を尻目に大手を振って歩いている。プロジェクトにファイナンスしたうえで中国企業は建築材料から労働者まで中国から連れてくるため、現地への利益還元がなく、キルギスばかりか全世界的規模で中国への怨念《おんねん》、不満の爆発がある。

新疆《しんきょう》ウイグル自治区での反中国運動、イスラム過激派が地下へ潜っているが、山を越えてキルギスへ潜入した活動家が相当数いることは以前から知られた。キルギスの遊牧民は「山の向こう（新疆ウイグル自治区のこと）に何があるか？」と聞くと「キタイ」と言う。

キタイはロシア一般で中国を意味する。歴史学的にはキタイは「遼」。ロシアの恐れる「タタール」はシナではなくモンゴル系。

それはともかく海外における中国大使館襲撃は旧ユーゴスラビアの首都ベオグラードの中国大使館が米軍の「誤爆」によって破壊され、三名の大使館員（情報工作員）が死亡した事件以来だった。自爆テロとISの関係は不明。しかし中国大使館、中国企業が次のISの攻撃目標に入ったというテロリストの動きには注目するべきである。

キルギスの治安当局が明らかにしたところでは、中国大使館を攻撃した自爆テロは、ウイグル独立を謳う過激派「ETIM」（東トルキスタン・イスラム運動）が指令したもので、キルギスの若者を洗脳し、シリアで訓練したという。爆弾の炸裂《さくれつ》方法や自動車による攻撃などの訓練はシリアで行われ、最近アルカイーダと袂《たもと》を別ったといわれるヌスラ戦線が協力し、資金調達などの連絡役にはトルコのイスタンブールに在住のイスラム団体が協力した。

自爆テロ実行犯はゾイル・カリロフという名前、タジキスタン政府発行のパスポートを所有していた。偽造パスポートの恐れがあるという。爆弾はフェルガナ盆地で渡され、実行犯のほかに五人のキルギス人が車の手配などで協力した。キルギスの治安当局は容疑者五人を拘束したと発表した。

フェルガナ盆地でJICAの四名の日本人が誘拐され、族長等を通じて交渉を重ね、ようやく釈放された事件はいまから一七年前のことである。

あたりは綿花栽培のメッカだが、名馬の産地としても世界的に知られる。タジキスタン、ウズベキスタン、キルギスにまたがり、行政的区分ではウズベキスタンの飛び地。イスラム過激派の交差点ともなっている。

人口過密、人種が入り乱れており、さらにタジキスタンはアフガニスタンと国境を接し、キルギスは中国と国境を接し、ウイグル過激派の拠点になっている。これほど地理が入りくんでいる。

中国共産党に遺恨を持つウイグルの過激派は、今後もこの地域一帯の中国企業などを襲撃する動きがあり、警戒を強めている。

独裁者カリモフ急死後、ウズベキスタン経済は停滞、しかし若者が多く希望は大きい

ソ連崩壊後、ウズベキスタンはあたふたと独立し、まずはレーニン像を撤去した。

爾来、四半世紀を経て、当時ソ連共産党第一書記だったカリモフが終身大統領のように君臨し、

主食の巨大なパン（ウズベキスタンの古都ブハラ）

その独裁的強権政治のもとで経済開発が進展した。イスラム国家でありながら政教分離原則を貫徹したので、女性はスカーフも被らず、洋服が普及した。

四半世紀前にもサマルカンド、ブハラなどを回ったことがある。当時と比較すると格段の発展が見られる。険しい目つきの人が減り、表情がゆったりとなって落ち着きが出た。

ウズベキスタンの面積は日本の一・二倍だが、人口は三〇〇〇万余。産業の主体は農業と牧畜、なにしろ葡萄、瓜が美味い。ロシアや東欧諸国と比べても農作物は豊かで、貴重品のバターもふんだんにある。

この国はたいへんな親日国家である。

一九六八年のタシュケント大地震のとき、日本軍人の建てたナボホ劇場が倒壊しなかったため日本への信頼と敬意が育ち、カリモフ前大統領の日本賛美の影響も大きく親日路線に傾斜してきた。日本語学習熱も続いている。

観光立国の側面もある。

日本から意外と観光ツアーが組まれている。このため週二便、成田―タシュケントの直行便がある。韓国の仁川で乗り換える便を加えるともっと多い。とくにサマルカンドへ行くと、古《いにしえ》の

山のような葡萄

シルクロード、絨毯《じゅうたん》（空飛ぶ絨毯を思い浮かべる）、ランプ（アラジンの魔法のランプ）、ラクダ。そして巨大モスク。その中世から近世にかけてのイスラムの建築技術、天文学の発達、その美に瞠目《どうもく》する。当時のイスラム諸国では世界最高レベルの天文学も発達していた。

ソ連時代の借り物の共産主義を捨てた中央アジアのイスラム圏は文化的価値観を取りもどした。ただしソ連時代の残滓がロシア語とキリル文字で、看板の九割がたがアルファベットに置き換わっているが、ロシア語しかしゃべれない国民が多い。そもそもカリモフ前大統領とてタジク人との混血でウズベク語は不得手だった。

文明の衰退はオアシスの砂漠化と繰り返された戦争、凶奴《きょうど》の時代から鉄勒《てつろく》、突厥《とっけつ》などチュルク系、チンギス・ハーン、そしてペルシア帝国、ロシアと支配者は替わり、独自の文明は廃れ、ソ連時代には最貧国に陥落を余儀なくされた。ウズベキスタンの一人当たりのGDPは二七〇〇ドル台に留まる。失業者の群れが目立つ。

一九九一年の独立後も輸出品といえば綿花。石油、鉄鉱石、金など鉱物資源もあるが、貿易はそれほど拡大せず、いやそれよりもアフガニスタン戦争の悪影響で過激派がウズベキスタン国内に這入り込み、一方ではISに志願する若者がシリアへ出ていった。

このため帰国テロリストの自爆テロを警戒し、空港、鉄道駅の警備は厳しい。ハイウェイでは随所に検問がある。警官は威圧的である。

加えて「タジキスタン・ルート」による麻薬、武器などの密貿易が闇に栄え、農業の飛躍的発展は政策の齟齬《そご》で遅れていた。

ウズベキスタンが悩み続けるのは「二重内陸国家」の宿命である。たとえば治安の悪いタジキスタンとの国境は閉ざしたままとなって、武器と麻薬の侵入を防いでいる。

筆者は今回の取材旅行（一六年九月）では西南の隣国、トルクメニスタンとの国境を北と南で二回越えたが、ウズベク兵は機関銃で武装していた。悪路を二キロほど歩いて国境を越え、出入国管理オフィスのみならず、数ヶ所でパスポートチェックがある。これならテロリストも侵入しにくいだろう。

ともかく二つの国境を越えないと海へ出られない「二重内陸国家」がウズベキスタンであり、世界を見渡しても、ほかには欧州の小国リヒテンシュタインしかない。

カリモフ前大統領は独裁と批判されながらも、強硬な政治を展開し、まず着手したのは教育制度の充実だった。

これにより民度が上がり、若者の多くが大学へ進学するようになった。ウズベキスタンの教育は六・三・三ではなく三・六・三で高校まで無料。大学も成績の良い順に上から四割は授業料免除となる。女性の地位向上もめざましく男女賃金格差はない。まだキャリアウーマンは目立たないが夫婦共稼ぎは都会では常態となり、女性蔑視《べっし》のアフガニスタン、パキスタンなどとは社会構造が異なる。現実を見れば、かつての「最貧の農業国」というイメージは稀薄となっている。

タシケント空港は出入りが厳しい

交通網の整備、とりわけ海外への輸出ルートの確保が大きな政治課題だった。韓国の自動車メーカーの進出でGMと合弁の乗用車が作られ、五〇万円ていどの小型車も普及している。トヨタは人気が高いが、庶民には高嶺《たかね》の花である。モータリゼーションの波がおしよせ、交通渋滞も見られるほどだ。

バザールではキムチが売られている。スターリンの強制移住政策により朝鮮族も数十万人がウズベキスタンに定住した。サマルカンド、ブハラ、ヌクスといった都会でも共通でキムチが市場にうずたかく積まれていた。ただし世代交代が進んでおり、朝鮮族さえウズベク語かロシア語しか知らない。

輸出ルートの開拓に政府は力点をおく。

キムチを売る朝鮮系のおばさん（ウズベキスタン）

北の通商ルートはトルクメニスタンを通じてロシアへ、南はイランへと至る貿易ルート、そして東方に目を転ずれば、中国という巨大マーケットへのカザフスタン経由のルートがある。目指すは同じトルコ系のウイグル族が住む新疆ウイグル自治区である。

　この悲願の交通アクセスの達成は長い年月がかかるが、二〇一六年二月に国内鉄道の延長、とりわけ三〇〇〇メートル級の山々をくぐりぬけるトンネル工事の完成で首都タシュケント―サマルカンドの鉄路が完成した。

　西北に目を向けるとアラル海は干上がり、湖面は半分以下、水量は三分の一に激減した。このため水の確保、そして水力発電による電力の確保が新しい政治課題となる。

　ダムの建設は周辺諸国との合意が必要とされるからウズベキスタンとしては中国主導の「SCO」（上海協力機構）をテコに、とくにタジキスタンとの宥和をはかり、またアフガニスタンからパキスタンへのルートが確立されれば、ホルムズ海峡の対岸オマーンへと交易路を延ばすことが可能になる。これらが当面のウズベキスタンの夢である。

しかしイランとは心理的対立がある。なぜなら文化摩擦の激化で、イランはウズベキスタンとの交易よりコルランやモスクの寄付などを通じてイスラム教シーア派の宗教思想の普及に重点をおいているからだ。

スンニ派で世俗宗教、政教分離が原則のウズベキスタン政府は警戒の姿勢を崩さない。

カリモフ前大統領は財務に明るかった。

夫人は経済学者。したがって経済発展に関しては他の国の独裁者とは毛色が異なった。しかし遊牧民のトルコ系民族にありがちな縁故主義に陥り一族で政権の周囲をかためた。所謂《いわゆる》「サマルカンド閥」である。

イスラムの古き良き時代の郷愁を感じさせるサマルカンド（人口六〇万人）やブハラ（三〇万人弱）が有名だが、首都は人口二七〇万人余のタシュケントである。

二〇一六年六月二十三日から開催された第一五回SCOは、このタシュケントが舞台だった。「以後の歴史のターニング・ポイントとなった」（米ジェイムズタウン財団発行『ユーラシア・デイリー』六月二十五日）。

第一にインドとパキスタンがオブザーバ参加したことである。

SCOのメンバーの拡大を急ぐのはロシアで、むしろ嫌々ながらの参加を認めたのがカザフスタンとウズベキスタンという構図だった。中央アジア五ヶ国の全人口の二〇倍という人口大国がインドとパキスタンであり、「大国」の参加は以後の協力機構の運営に支障をもたらすと恐れるからだ。

第二に中国が特別なテコ入れを示し「ウズベキスタン・中国関係はこれから総合的戦略的パートナー」を掲げだしたことだ。中国の意味する「総合的」とは全方位型であり、戦略的というのは、長期的という意味ととれる。

そのうえ習近平はウズベキスタン国会開設以来、初めて外国元首として国会演説が認められた。中国がウズベクのインフラ建設に協力的な理由はウズベキスタンが「シルクロード構想」の通り道であり、貿易ルートの要衝として重視しているからでもある。

第三は旧ソ連中央アジア・イスラム圏の五ヶ国は、前宗主国ロシアの顔色を窺《うかが》いつつも、独自な外交を選択してきたが限界も見えた。

カリモフ前大統領が中国が好きだった理由は「人権」について一言も批判したりしないという非民主的政治だった。

現実にウズベキスタンは複数政党制であり、新聞も一〇〇種以上が発行されている。テレビも野党系もあるが、マスコミの影響力は強くない。

二〇年前にカリモフ大統領が来日したおり記者会見に出たことがある。

ロシアの特派員が「不正投票があった」とか、「人権無視の政策は独裁的ではないか」と執拗《しつよう》に質問したため、すっかりカリモフはつむじを曲げた場面を思い出した（『週刊新潮』一六年九月十五日号拙談を参照）。

そのカリモフが八月二十九日に急逝した。

筆者が再訪したのは葬儀が終わって六日目だった。まだ空港ほか市内いたるところで弔旗が掲げられていた。独裁者の死は、次の権力闘争の凄《すさ》まじさを予測させ、陰惨な陰謀、暗殺、治安の悪化により国全体が乱れる可能性がある。

カリモフの葬儀を伝える新聞（キリル文字だがウズベク語）

ウズベキスタンはロシア主導のCSTO（一九九二年に発足した集団的安全保障条約機構）に加盟したが、九八年に離脱、そして二〇〇六年に再参加し、二〇一二年にまた離脱というジグザグを繰り返し、プーチンを苛立たせた。プーチンはウズベキスタン訪問のたびに「戦略的パートナー」を謳った。直前のタシュケントで開催されたSCO（上海協力機構）で二人は面談したばかりだった。

カリモフ大統領の急死により九月三日にサマルカンドで葬儀が行われた。杭州G20の帰路、プーチンは急遽《きゅうきょ》、サマルカンドを電撃訪問し、墓参、献花した。「国家間の交渉はともかく、彼とは個人的に親しかった。大きな存在を失った」とプーチンが記者会見でのべたことは日本でも報じられた。

翻る弔旗（国旗の先端に黒いリボン。タシケント市内）

プーチンはわざわざ弔問に訪れ、「戦略的パートナー」を謳ったのも、ロシアにとって、いや米国も中国もEU諸国もウズベキスタンの安定を望むからである。

おなじ報道でも『モスクワタイムズ』は行間に奇妙な一行を加えている。

「すでにカリモフは八月二十九日に死んでおり、その第一報の出所は、サアカシビリ前グルジア大統領だった」と書いているからである。このサアカシビリ前グルジア大統領は、グルジアで生まれウクライナで大学卒業後、渡米し、法学博士。ソ連崩壊後、グルジアはガムサフルディアという民族詩人が初代大統領、暗殺され、シュワルナゼ（ソ連最後の外相）が二代目大統領となった。そのときに誘われてサアカシビリは米国からグルジアへ帰国し政治家となった。その後、シュワルナゼに反旗を翻して野党を結成し、大統領に当選、二〇〇四年から二〇一三年まで若き大統領として君臨した。当初は米国帰りであるため、国民は市場経済をよく理解し、またジョン・マケイン上院議員ら米国の有力政治家やイスラエルとも親しかったので、信頼も厚かった。グルジアの国名を米国読みに

「ジョージア」とすることを提案したのも彼だった。

二〇〇八年八月、アブハジアで軍事衝突、ロシアが介入して無惨に敗北した。背後のアメリカが、サアカシビリを二階に上げて梯子《はしご》を外したとも言われる。

カザフスタン重視の日本

安倍首相は二〇一五年の中央アジア歴訪の仕上げをカザフスタンで演説し締めくくった。この安倍カザフ演説は画期的な内容を含むものとなった。

なぜカザフスタンが日本にとって重要かと言えば、明らかに資源である。石油とか鉱物資源、金、銀、銅、ニッケル、クロームなど基礎鉱物資源のほかに、この国はウランを産出する。レアアースもまた。人口は一七六〇万人だが、面積は日本の七倍、世界最大の内陸国家とはいえ西端はカスピ海に面しており、またこの国を横断するパイプラインがトルクメニスタンと中国を結んでいる。

したがって現職総理としては二〇〇六年に小泉首相が、そして二〇一五年には安倍首相が訪問した。ナゼルバエフ大統領は九四年、九九年、〇八年の三回、公式に来日している。

ナゼルバエフ大統領はソ連時代の共産党第一書記から独立とともに大統領に横滑りし、そのまま居座っている。たしかにアリバイ工作のような選挙は行われているが、二〇一五年の大統領選挙で得票率が九七・七％などと信じられない結果となった。国民は彼を「ナゼル・ハーン」と呼称している。国王である。

カザフスタンの中に「ロシアの飛び地」がある。

宇宙基地バイコヌールは二〇五〇年まで、ロシアが年間一億五〇〇〇万ドルで租借している。したがってバイコヌール市の行政はロシア人が治めている。だから「飛び地」なのである。ただしソ連時代の核基地は壊され、核兵器はすべてロシアが撤収した。ソ連時代の核実験場だったセミパラチンスク地区は荒れ地のまま。

ナゼルバエフ大統領は突如、アルマトゥから首都をアスタナへと遷都した。アスタナの都市設計は黒川紀章が担当した。

ナゼルバエフ大統領は終身大統領を自ら拒否しているため、二〇二〇年にはナゼルバエフ王朝は終わりを告げる（筈である）。先が見えた大統領は先手を打って次世代の指導者を与党内に育ててきた。野党は二つあって国会に七つ議席を占めるが、有力な政治家は不在（有力とされた反対派指導者は二人が暗殺されている）。

ナゼル・ハーンは多くの中央アジア国家から見れば僭称《せんしょう》である。なぜなら「ハーン」を名乗れるのは、チンギス・ハーンの子孫でなければならないとする神話が存在し、いまも残存している。だからナゼルバエフ大統領は自らハーンを名乗ったことはない。もともとハーンは西北アジアから中央アジアにかけて、遊牧民の王様という意味があるのだが、北東アジアでは清朝時代に初めて女真《じょしん》族のハーンが現れた一時期がある。

ヌルハチを嗣いだホンタイジの時代になると蒙古を従え、ハーンを服属させてからは「遊牧民の首長らのトップ」と解釈されるようになった。

いずれにしても現代のハーンと呼ばれるナゼルバエフ大統領の下、緩やかながら改革がカザフスタンで進捗している。

後継の選定を急ぐ理由はロシア同様に石油価格の急落による国家財政の圧迫と不況、失業率の増大のため引き起こされる治安悪化である。カザフスタン最大の都市はアルマトゥで、人口一六〇万人、立派な近代都市、緑が豊かなオアシスで、とても砂漠の真ん中とは思い得ない涼気がただよい、市の中心部などパリのような趣きがある。

筆者はこのアルマトゥに二回行ったことがある。鉄道駅は北京、モスクワと繋がる国際列車の乗り入れがあり、空港は中国、インド、韓国、トルコ、ドイツなどからも直行便がある。ただし東京―アルマトゥを結ぶ直行便はなく、隣のウズベキスタンのタシュケント、トルコのイスタンブール、あるいはモスクワ乗り換えで行くしかない。日本人はビザが不要だ。英語のビジネス雑誌も出ている。

二〇一六年夏にザキシィベコフ（アスタナ市長）が大統領府長官に任命され、ナイガマチュリン長官は国会議長に転出となった。ほかに閣僚級の人事が迅速に執り行われた。新たに権力中枢に抜擢《ばってき》されたのはいずれも一九七〇年代生まれで、西側への留学経験がある。カリムマシュモム首相はポストに留まったが、今後はテレビ報道の大衆化に重きを置くと発言しており、国際的レベルへの向上が急がれている。

失業率は公式に五％といわれるが、町を歩くと失業者が公園や街角に屯《たむろ》している。いつでも暴動を引き起こす予備軍であり、ISとは繋がらないものの爆弾テロは近年頻発している。

中国の進出ぶりはどうかと言えば、目立たないが、タジキスタン、キルギス同様に相当数の中国人がカザフスタンに静かに、しかし大量に入り込んでいる。レストラン、カラオケなどの経営にも手を染めている。ロシアの顔色を窺いながらも着実に影響力を拡大している。

ともかくカザフスタンは確実に全体主義体制の克服をめざしている。

トルクメニスタンは謎の国

「中央アジアの北朝鮮」とトルクメニスタンは久しく言われてきた。しかし両国の独裁体制に共通項はあまりない。

かたや陰湿で残酷な独裁、こなた陽気で漫画的な独裁だ。トルクメニスタンは実質的な鎖国状態にあり、個人旅行にはビザがなかなか出ないばかりか、たとえ発給されても現地で入国拒否となるケースが多々報告されている。

どうしてもこの国の実情を知りたくて、最後の手段として選択したのは「砂漠冒険ツアー」という団体に紛れ込むことだった。

このツアーは砂漠にガス噴出が止まず真っ赤な火が燃え続ける「地獄の門」を見学するのが目玉。砂漠にテントを張って野営する。アドベンチャーを兼ねていて実際にトイレもない現地では焚《た》き火で肉を焼き、持参した飲み物を飲む。野営など青年時代に体験したくらいだから珍しい経験でもあった。

地獄の門が観光の目玉

テントで野営する

トルクメンの誇りは名馬

北朝鮮は世界にまだ残る共産主義制度の独裁国だが、金正恩は三代目、冷酷冷血で絶対王朝のごとき暴君。国民は飢えと貧困に喘《あえ》ぐのに一人暴君は贅沢をして美女を侍らせ、巨費を投じて核兵器を開発し周辺国の軍事的脅威となっている。

トルクメニスタンは予想をこえて豊かで誰が大統領となっても、テレビが翼賛番組しかなくとも、遊牧民の政治は突厥の時代からこんなものと政治には容喙《ようかい》しない国民。言ってみれば「陽気で朗らかな独裁国家」だ。

しかもトルクメニスタンは一九九五年に国連が認めた「永世中立国」である。ロシアとも他のイスラム諸国とも同盟関係にはない。独立独歩、サルタンが思いつきで人事を刷新し、政策を変え、ときに制度も変えるように、前大統領ニヤゾフはメロンが好きだったので「メロン記念日」を制定し、国民の祝日にした。

金歯、ひげを禁止したり、どこかお笑い、突拍子もないうえに自らを天才的詩人だと錯覚し、『魂の歌』という著作まで発刊、なんと世界四〇ヶ国語に翻訳された。もちろん日本語版もある。翻訳、印刷などの費用は大統領自身がぽんと出した。

金ぴかのニヤゾフ像が抱えているのは一冊の本で、コルランかと思えば、この自著なのだ。どことなくユーモラス、そして国家予算で中央アジア最大のモスクを作り、その隣にはちゃっかりと自分の霊廟《れいびょう》を作った。まったくもって無茶苦茶な浪費で個人崇拝のシステムを作り上げたわけだ。

首都のアシガバードで驚いたのは白亜の摩天楼がニョキニョキ建っているのに、人が住んでいる気配がない。新都心はまるでゴーストタウン、中国の惨状と似ている。

二〇一五年秋、ジョージア（旧グルジア）の首都トビリシに滞在中、筆者は同国を訪問中だったベルデムハマドフ（トルクメニスタン二代目大統領）一行と行き会った。たまたま宿泊していた「トビリシ・マリオットホテル」に偶然、一行が泊まっていたのだ。

金ぴかのニヤゾフ前大統領の像

黒塗りの高級車をつらね、坊主頭でいかつい男たちは黒いスーツに黒いネクタイ、白いワイシャツ。日本なら「あの業界」の人たちが好む服装をボディガードがしていた。屈強な男たちに囲まれてトルクメニスタン大統領はアリエフ（アゼルバイジャンの二代目大統領）と会談した。
ものものしさはサルタンを模《も》した政治演出でもあり、アジアのイスラム圏ではチンギスハーンの嫡流だけがハーンを名乗れる。村長、族長を纏《まと》める砂漠の統領がサルタンで、ハーンを名乗るわけにはいかない。
どちらにしても経済は潤い、予想をはるかに超えた経済繁栄がトルクメニスタンにやってきた。
公共バスは無料、教育費も無料、首都の中央部ではバス停は冷房完備。マンションも安く、ガソリンは一リットルが二〇円。これほどのばらまきができるのである。

首都のアシガバードの街で驚きの第一は圧倒的にトヨタが多いことだった。それこそトヨタだらけ、それも必ずと言って良いほど白の単色カラーで「猛暑、炎熱と熱砂に耐久力があるのは、トヨタだ」と折り紙付きである。

しかしトルクメニスタンにトヨタの総代理店はないはずで、ガイド氏にこの点を質すと、「カナダとアメリカからドバイ経由の中古車です。中古車の税金は安いので対価は四万五〇〇〇ドル前後」と言う。

ガイドは語らなかったが、ほとんどが盗難車専門のルートによると推測される。実際にツアー参加者のご婦人は「自家用のトヨタが盗まれたのよ、アシガバードで走っているんじゃないかしらと眼をこらして見ていたわ」。

第二の驚きは摩天楼が林立し、ドバイかアブダビのようだが、ビルに居住者がいないこと、団地に自家用車が一台も止まっていない、複合ビルに入居テナントが少なすぎること。このゴーストタウンが中国の「鬼城」と異なるのは建築基準で高層ビルは必ず大理石を使用せよと規定されているため建造物が頑丈でいつも輝いていることだ。

「中央アジアの北朝鮮」と言われた理由は、前のニヤゾフ大統領が個人崇拝を強要し、首都の独立記念公園に聳え立つ金ぴかの日時計を、巨大なニヤゾフ像の周りに回したことだろう。だから漫画的だ。

もう一つ、軍人と警察官の帽子がやけに大きいことを特筆しなければならない。権力の武威を大きな軍帽でカバーしようとするあたりは北朝鮮とたしかに似ている。だが、国民に強制するマスゲームも労働収容所などもない。スマホも自由、外国放送のテレビもちゃんと見られる。

ともかく前大統領は金ぴか像を全土に建立してにやにやしていた。この独裁者ニヤゾフはドイツから医療専門チームを呼んで健康を管理してきたが、二〇〇六年に急死した。

ガラガラのマンション（アシガバード）

するとただちに大統領代行となり、〇七年大統領選挙で第二代トルクメニスタン大統領に選ばれたのがベルデムハマドフという人物だった。このベルデムハマドフは国際的にまったく無名の政治家だった。

それゆえに何故、唐突に大統領として君臨するのか謎だった。もともと歯科医。国立医療大学を卒業し、医院つとめが長く、いつしか国立医療大学の学長となっていた。九八年にニヤゾフ国立医療センター長に就任した。

二〇〇一年から五年間は副首相に抜擢《ばってき》され、ニヤゾフ大統領を補佐してきた。

よほど信任が厚かったのだろう。毛沢東が無名の軍人、華国鋒《かこくほう》を枕元に呼んで「君なら安心だ」と言って後継者に撰んだ。華国鋒は毛沢東の庶子だった。

ベルデムハマドフもまたニヤゾフの庶子だったと言われる。この話をするとガイドはただちに否定したが、反対もなくすんなりと無名の人物がこの不思議な国を率いることになったのである。そこでベルデムハドフ大統領の統治ぶりはどうなるかが気になるところだが、テレビを見て了解したことがある。

閣議の模様を朝から晩までやっている。大統領に報告する閣僚はメモを懸命に取り、なるべく大統領と目線を合わせないようにしていて、「姿勢が悪い」と行って処刑されるわけでもないのに、その仕草が滑稽《こっけい》で、お笑い番組を見ているようだった。

トルクメニスタンは治安が安定しているが、最近、ISの浸透があるという情報には驚きを伴う。

しかしシリアで拠点を失いつつあり、リビアの秘密基地はNATOの空爆で破壊されたISが次の避難先にトルクメニスタンに眼を付けたのも頷ける。なにしろトルクメニスタンはアフガニスタンと七四四キロもの国境を接しており、まして砂漠や山岳地帯だから国境警備など万全を期せるはずがない。ちなみにアフガン国境すべてに有刺鉄線を張り巡らせ、電流を流してテロリストの侵入を防いでいる。

東側はウズベキスタンと国境を接しているが、両国関係はあまり良好とは言えず国境警備における協力関係をうまく築けない。実際に国境を越えたが、警備は厳重このうえなく、三時間もかかった。物流トラックは車体検査もあるので、長い長い列を作って順番を待っている。おそらく国境越えに一日か二日かかるだろうと推測された。

閣議のもよう。閣僚たちはメモに必死

ということはISがトルクメニスタンの治安上のアキレス腱《けん》を見いだし、秘密基地構築を企んでいるとも言える。トルクメニスタンからISへ参加した兵士は数百を超える。

米国中央軍司令官は米国連邦議会証言で、「たしかにトルクメニスタンから武器供与の要請があるが兵員派遣の要求はない」とした（『ネザビスチマヤ・ガゼッタ』三月三十一日）。

これはトルクメニスタン一国の問題ではなく地域全体の安全保障の問題であり、北カフカスのゲリラに悩まされ、またかつての衛星国であったトルクメニスタン、ウズベキスタン、キルギス、タジキスタン、カザフスタンなどから大量の兵士がISに参加している事実を危険視するのはかつての宗主国ロシアである。ISに参加したウイグル人が多いことを懸念

バザールは庶民の台所

アンテナの林立するマンション

農村では男性が楽団

しロシアとテロ対策では共同する中国も、深い関心を抱く。

独立前までのトルクメニスタンは砂漠、火山があり、地震が頻発し、ソ連圏でも最貧国と考えられてきた。

ところがガスが噴出し埋蔵では世界第三位か四位。しかも中国のテコ入れで、いまやトルクメニスタン、ウズベキスタン、カザフスタンを経由して新疆ウイグル自治区から上海へ武漢へと分

淋しいウズベキスタンとトルクメニスタンの国境を隠し撮り

岐される八〇〇〇キロにも及ぶパイプラインが敷設され、ほぼ六〇%が中国へ輸出されている。残りはロシアとイラン向けが二〇%ずつだったが直近のニュースでは、プーチンはトルクメニスタンからのガス輸入を減らすと発言している。近未来にはイランとの間にパイプライン敷設計画のほか、アフガニスタン、パキスタン経由でインドに向けてもガスパイプラインを敷設するアイディアがある。後者はすでに二〇年ほど前から米メジャーのユノカルが計画し、パキスタン、アフガニスタン、インド政府が計画を了解したが、タリバン、アルカイーダ、ISのテロリズムの跳梁《ちょうりょう》跋扈《ばっこ》が続いているため頓挫《とんざ》している。

そんな情報を思い出しながらレストランに入ると、国産のビール、ワイン、そして豊饒《ほうじょう》なスイカ、メロン、イチジクなどの果物がじつに美味であった。

ガスが枯渇したとき、この国は砂漠の貧困国に舞い戻る可能性が高い。

第二部●旧ソ連圏の国々

第六章 ポーランド、チェコ、スロバキア そしてハンガリー

ワルシャワに建つソ連時代の文化会館

警察は黒い馬に乗って（プラハ）

チェコの地下鉄改札

ポーランドは日本が大好き

ＥＵ加盟国でありながら移民問題では反ＥＵの立場を鮮明にしているのがポーランドとハンガリーである。チェコとスロバキアも、前者二ヶ国に近い立場だ。

北から順番にまずはポーランドを見よう。

世界の「親日国家」といえば台湾が筆頭。ついでトルコが浮かび、タイ、ミャンマー、インド、スリランカなどアジアの国々が続く。

欧州にあってもっとも親日的な国は意外にもポーランドである。日本文化への理解は想像をこえて深く、古事記も源氏物語もちゃんとポーランド語に翻訳されている。古都クラクフには日本文化センターがある。

大学に日本語学科があるところが多く、一六年八月時点で四四〇〇名の学生が日本語を学んでいるほどだ。日本となじみの深い文化交流はワイダ監督、ショパン。世界的に有名な人物はキュリー夫人、コペルニクス、最近ではワレサ元大統領だろう。

筆者は三回しかポーランドへ行ったことがないが、グダニスク、クラクフ、ワルシャワ、そしてアウシュビッツ収容所跡をまわり、漠然としてだが、ポーランド人の気質の一端に触れる場面が何回かあった（余談だが、アウシュビッツは警戒が厳しく機関銃で武装した軍が警戒に当たっている。

ＩＳのテロへの警戒である）。

ポーランドは敬虔《けいけん》なカソリック信仰の国であり、ドイツとソ連に挟まれているので、何回も侵略され、惨憺《さんたん》たる苦しみに喘いだ歴史を持つ。反ロシア感情は燃えるようであり、ＮＡＴＯの最前線は自ら志願したほど軍事力整備には熱心となる。

キュリー夫人記念館（ワルシャワの下町）

アウシュビッツ入り口

四半世紀前、最初にポーランドへ行ったときは、あまりにエキゾティックな町並みにしばし見とれた。ビザが必要な時代だった。どこでもレストランはジャガイモが主体。料理に飽き、また寒さと暗さから来るのか、ポーランド人の色彩感覚が明るい原色を選びがちで朱、橙、緑を好むことを知った。日本人の色彩感覚にない配色のセーターを買った。

その後、東京で駐日大使と親しくなった。日本語が流暢《りゅうちょう》なうえ日本の古典文学に通暁していた。大使館員とも親しくなって何回か飲んだ。そのうちポーランド政府から招待が舞い込み（と言っても飛行機代は当方が負担）、一週間ほど出かけて多くの人々に会い、証券取引所や新興の企業見学、ヤルゼルスキー元大統領とのインタビューなどをこなした。このときは朝日、読売、産経、共同、日経の記者と呉越同舟《ごえつどうしゅう》だった。

ポーランド政府が手配してくれた官舎のような簡素なホテルには中国人労働者が経済支援かなにかで工事をしにきていた集団がいた。ワルシャワ市内に寿司屋が一軒だけあったがネタが古く（店主によれば月に二度、ハンブルクまで買い出しに行くと言っていた）、豆腐と餃子を食べた記憶が蘇った。

三回目のポーランド旅行は二〇一五年の一月、吹雪のワルシャワ、クラクフなどを特急で回った。二〇年の間隙があって、この間に経済発展の凄まじさに驚いた。町並みはすっかり綺麗《きれい》になり、新築の摩天楼に巨大ショッピングモール、品物も豊かで、豪華ホテルの周りには寿司、日本食レストランもずいぶんと増えていた。往時と隔世の感があった。

トルコのエルトゥールル号の美談は映画にもなって公開された。杉原千畝の物語も「日本のシンドラー」として人口に膾炙《かいしゃ》された。しかしポーランドの日本との友好物語はほとんど書かれなかった。

「松山」というのは日露戦争で捕虜になった「ロシア兵」を「人は皆、平等。かれらも愛国者」として捕虜を懇切丁寧にもてなした記憶を象徴する。第一次大戦でドイツ人捕虜を収容した徳島の坂東収容所（これは映画にもなった）とともに有名だろう。その「松山」の収容所にいた「ロシア兵」とは大半がポーランド人、次ぎにウクライナ、ベラルーシ、そしてトルコ人だった。

ワルシャワ中央駅

カラフルなポーランドのCMカー

　彼らは日露戦争で日本が勝利したことを我がことのように喜んだ。松山が選ばれたのは「道後温泉が傷病兵の慰安と治療に適して」いたからで、そのときの記録は数冊すでに上梓《じょうし》されている（河添恵子『世界はこれほど日本が好き』祥伝社）。

　ポーランド人は東洋の島国に生きる人々に本物の人間を発見した。それが根源となって日本とポーランドの友好の歴史が開始された。ワイダ監督が「日本人」と接して「言葉もわからず、習慣もほんの少ししか知りませんが、日本人のことをとてもよく理解できる」と言う。なぜなら「日本人は、まじめで、責任感があり、誠実さを備え、伝統を守ります。それらはすべて、私が自分の生涯において大事にしている精神です。日本と出会ったお陰で、このような美しい精神が私の想像の中だけで存在しているわけではないことがわかりました。そのような精神が、本当に（日本に）存在するのです」（河添前掲書）。

ワイダ監督は一六年十月九日に九〇歳で亡くなったが、クラクフに「日本美術技術センター」を創設するなど、生涯にわたって親日家だった。

映画「灰とダイヤモンド」など抵抗三部作は国際的に評価され、日本からも高松宮殿下記念世界文化賞を受賞した。

ポーランドは旧ソ連衛星圏の中で、ずばぬけて市場経済化に成功したモデルケースである。

「カチンの森事件」の真相究明

ポーランドは一方においてロシアとの関係改善を急ぐ。

両国の最大のネックは「カチンの森事件」だ。およそ二万二〇〇〇名のポーランド軍人、警察官、聖職者、公務員がソ連によって銃殺、あるいは虐殺された事件は歴史に埋もれたりはしない。

ポーランドは遺族の尊厳と国家の資源とをかけてロシアに謝罪を要求している。

プーチンは「誤り」を認めたが「謝罪」はしていない。このあたりは広島を訪問したが謝罪はしなかった米国と似ている。二〇一〇年に行われたカチンの森の記念式典にはロシアのカチンの森跡地へ赴いたポーランドのカチンスキー大統領兄弟ほか政府高官多数が、ツボレフ墜落事故により死んだ。ポーランドは二重の苦しみに打ちひしがれた。

女子大学生たち（ワルシャワ大学）

華やかな女性誌

スターリンはベリアの提言を入れてポーランド将校らの銃殺を命じ、しかも、これはナチスドイツがやったことに逆宣伝を展開してきた。実際に手を下したのはソ連内務人民委員会（ＮＫＶＤ）だった。

夥しい遺体はドイツ軍が一九四三年に発見した。ゲッペルスはこれを逆宣伝に使おうと動いた。米国も動き、ＦＤＲは調査委員会を設置し現地に専門家を派遣した。調査結果はソ連の仕業とされたが、FDRはそのレポートを握りつぶした。これによりソ連崩壊まで、カチンの森事件の真相は藪《やぶ》の中にあった。ルーズベルト大統領はソ連に不利な情報が暴露されることを嫌った。かれの政権内部には夥しいソ連のスパイが這入り込んでいた。

ソ連が崩壊した一九九〇年にNKVDの機密文書が次々と発見された。犠牲は二万一八五七名とされ、九二年にロシアは、その機密文書の公開に踏み切った。

しかしまだ半分近くが非公開で、じつはその中にベラルーシ国内で起きたポーランド軍銃殺の資料が含まれているといわれる。三八七〇名分があるとされ、ポーランドはこれをベラルーシ政府に公開要求をしている。

ベラルーシには戦前六〇万ものユダヤ人が住んでいた。ベラルーシはナチスに強要され、ユダヤ虐殺に手を貸した。リトアニアもラトビアもそうだが、現在までにミンスクから、あるいは隣のウクライナのオデッサから生き延びたユダヤ人は欧米かイスラエルへ移民して、ユダヤ人街は廃墟《はいきょ》同然になった。

同時にユダヤ人収容所跡も、きれいに消されて痕跡《こんせき》も残っていない。そのベラルーシがポーランドの要求に応えるとは考えにくい。

いったんは蓋《ふた》をされたカチンの森問題だったが、またまたポーランドが「あれはロシアが原因だ」と言い出す。しかも発言者は現職の外務大臣、アントニ・マチエレヴィッチだから国際問題化した。
マチエレヴィッチは国防大臣、法務大臣、内務副大臣を務めたポーランド政界のベテランである。その政治活動歴は古く、「連帯」から起きてきたワレサ大統領を「民主化が生ぬるい」と批判したり人権活動家としても活躍したが、左翼ではなく右派、ナショナリズムに立脚する主張に特色がある。もう一つ、マチエレヴィッチ外務大臣は、「ユダヤの陰謀論」を全否定しない人としても著名で、「世界征服を企むユダヤ人のグループがいたことは事実だ」と言い続けていて、メディアに挑戦的である。

ロシアは強く反論もせず、淡々とポーランドの動きを伝えるのみだ。

なぜ？　ワルシャワにドゴール象

なぜチェコはスロバキアと別れたのか？

チェコのゼマン大統領は一五年十二月二十六日、「（シリアからの）難民の流入は組織的な侵略だ」と激しく非難し、受け入れを拒否するという挙に出た。

ゼマン大統領は国民へのクリスマス・メッセージで「難民は健康な若者ばかりであり、彼らは帰国してISと闘うべきではないか」と直截《ちょくせつ》な言葉を用い、「祖国を逃れることでかえってISを強化しているのであり、なぜ自由のために闘わないのか」と批判した。

南隣のハンガリーはもっと強烈でセルビアとの国境一七五キロの鉄条網を張り巡らせた。シェンゲン協定違反もなんのその、不法移民は入国させないとした措置に国民は拍手した。ISのテロは欧米全域へと拡がり、チェコの隣国＝オーストリアでも厳戒態勢、難民が通過地として利用するが永住を避けるバルカン半島の旧ユーゴスラビア諸国は難民に紛れ込むテロリストを極度に警戒し、国境警備を強化した。ベルギーやフランスばかりか、たとえばボスニアでも年末年始の間にテロが行われる情報をもとに容疑者らを逮捕している。

難民問題は後節に譲るとしてチェコの現況である。

一九六八年八月だった。

ソ連軍がチェコへ侵入し、自由化運動を弾圧した。当時、学生だった筆者も森田必勝（全日本学生国防会議議長＝当時、のちに楯の会学生長、三島由紀夫とともに自刃）らと一緒に狸穴《まみあな》のソ連大使館に抗議デモを行ったことを昨日のことのように思い出した。

チェコは日本の五分の一しかない面積に、一〇〇〇万人強が暮らす。「人間の顔をした社会主義」が崩れ、真っ先にソ連勢力圏から抜け出す努力を重ねた。一九九九年にNATOに加盟、〇三年にはEUにも加盟した。社会主義から一転して「反ロシア陣営」に馳《は》せ参じたことになる。しかしユーロを採用せず、相変わらずチェコ・クロネという通貨（ただし何処でもユーロが通用した）。独立国家が経済主権を象徴するのは通貨であり、かたくなに自国通貨を護る姿勢はポーランド、ハンガリーに共通する。

八世紀に建国されたチェコは地政学的に欧州の心臓部に位置するが、それゆえに宗教戦争の中心地ともなった。カソリックに対抗したプロテスタントの抵抗は、じつはドイツのルターの宗教改革より古い。指導したフスは火あぶりの刑に処せられ、つまるところ宗教への不信がチェコで急速に拡大した。いまや欧州では珍しく無宗教の国民が七割をしめる（ほかに無神論が多いのはアルバニア）。

こうした動きに連動したのか、カソリックのローマ法王フランシスコと東方正教会のキリル総主教が一〇〇〇年の対立を越えて和解した。

さてプラハの旧市街地にはユダヤ人街やシナゴーグが残る。

道がやたら狭いため、たとえばカフカの生家跡（いまは書斎が公開され博物館）を見つけるには苦労を伴う。四半世紀前、東欧諸国への旅行が自由になったときにも筆者は中村彰彦氏とチェコへ行った。タクシーはほとんどつかまらず、市電もトロリーバスも三〇分は待たなければならず、街角にこれといったレストランもなく、旧市街を一時間以上もほっつき歩いてようやく屋台を見つけて昼飯にありつけた。

いまや隔世の観、狭い路地を挟むようにレストラン、バー、ビアホール、ナイトクラブ、そして大道芸人、絵描き、楽隊、屋台が無数に拡がっている。繁華街にはルイヴィトンやグッチ、フェルガモの店が軒を競い、また海外からの観光客でもごった返している。

チェコといえば、フランツ・カフカ、カレル・チャペック（ロボットという概念を発明した作家）、そして体操のチャスラフスカだ。彼女も親日家だった。「ビロード革命」が起こり、詩人のバーツラフ・ハヴェルが大統領に選ばれた。あの頃、人々の目は希望に満ちて、これからは自由民主の明るい国家が作れるという笑顔が目立った。すでに欧米の業者がプラハを訪れ名産品

プラハの大統領府

の陶器は買い占められていた。店先には端物が並んでいた。
チェコは同時にウィーンほどではないが「音楽の都」でもあり、スメタナ、ドボルザークらが輩出した。プラハの中心は荘厳なプラハ城から降りてカレル橋から市役所あたりまでの旧市街だ。新市街へ行くと新興団地やらショッピングモールもある。
カレル橋の河畔から細い路地をくねくねと旧市街へ入ってくると、有名なボヘミアングラスの

プラハ城（旧市内）を見上げる

店があり、その前の広場の時計台付近を世界からの観光客が闊歩《かっぽ》し、一時間ごとにゼンマイ仕掛けで飛び出す時計を見ようと、周りに無数の人々、それを狙《ねら》って数十の屋台、昼からビールを飲む。掏摸《すり》、置き引きが多いため警官隊は黒い馬に乗っている。

全体主義の呪い

この旅行に携行したのは西尾幹二『全体主義の呪い』（西尾幹二全集第十五巻に収録）だった。

なぜなら西尾氏は冷戦終了直後に東欧を旅行され、多くの知識人を訪ね歩いた記録をまとめたものだが、執筆の動機は全体主義から抜け出した国々の知識人が過去の非人間的な体制をいかように総括するのかを問うことだ

カレル橋のザビエル像は人気者

った。

プラハで、知識人のサロン「黒い馬」という紫煙濛々《もうもう》とたちこめるバーにはハヴェル大統領の側近や支持者らの多彩なインテリが集った。一九八九年の「ビロード革命」の推進者や大統領側近の改革主義者の席に闖入《ちんにゅう》した西尾氏は議論をふっかける。そして氏はそこに何か物足りなさを感じる。

「六〇年代の終わりから七〇年代初頭のチェコの雰囲気」とは「心ある人たちはみな相互に以心伝心でわかり合っていた。決して本心をじかに剝《む》き出しにはしない。社会に対し表向き見せることと、本当の内心との落差が大きかった。表面的には建前を信じているふりをして、裏で別のことをやる。お互いがそれをやる。みんな了解しあっている。この狡知に長けた二重生活が成立したお陰で、チェコでは静かな忍耐に対する冷徹な意思がかろうじて持ちこたえられた」。

だが、八〇年代になると「東欧においては抑圧の程度や構造がすでに相当に変わり始めていた」。外交では西側に対決するポーズ、実質は「西の諸政府と通底するという二重の外交」が展開さ

プラハのバー街に「黒い馬」を探して

れていた。

この本にも出てくる「黒い馬」というバーを捜すことにした。現地に二〇年住むという日本人ガイドに場所を尋ねると「『黒い牛』ってビアホールは知ってますが、『黒い馬』は旧市街のどこかだと思いますよ」と正確な場所を知らない。

旧市街にはカフェ、ビアホール、ナイトクラブ、バーがひしめき合っているので二時間ほど付近をきょろきょろしながら歩いても結局、見つからず、有名なビアホールで昼飯を取った。かつて西尾氏が体験したような議論風景は、いまチェコのどこにも見られず、経済繁栄と成長にひたすら邁進《まいしん》するチェコ人の姿があった。名産ビールの「バドワイザー」はちっとも美味くなかった。後日、西尾全集の編集担当者の中川原氏から教えられたのだが、「黒い馬」は表通りにある居酒屋「ティグラ」の奥の個室サロンの名前だという。

地下鉄の駅などには新聞、雑誌が山のように積まれ、言論の自由は果てしなく拡大している様は見て取れた。筆者はあいにくチェコ語を読めず、日本でチェコ語を操る佐藤優氏と工藤美代子氏のことを思い出した。

スロバキアへ向かう途中、バスで三時間くらいの所にチェスキー・クルムロフという古都が拓けている。蛇行する河の中州に古城が屹立《きつりつ》する街である。十三世紀に築城され、周りに城下町ができた。素晴らしい景観を誇るので、いまでは世界遺産に登録されている。

チェスキー・クルムロフ城はプラハ城について二番目に大きく、城の麓はレストランと土産屋、両替商にカフェが並び、おやおや中国人の爆買いツアーがここでも。

城内の庭園は宏大で、熊が飼われている。出窓から見る町並みは絵はがきの世界。バロック風の庭園には名も知らぬ花々、野外劇場があるかと思えば、洞窟もある。中世の浪漫が蘇るかのような風情があり、しばし景色に見とれた。

こころが和む場所、きっと全体主義に呻吟《しんぎん》していた時代のチェコ人は、この場所にこころの拠り所をもとめて訪れたのではなかったか。

スロバキア

スロバキアの首都プラチスバラに入った。

スロバキアはなぜチェコと別れたのか。冷戦終結とともにチェコとの連邦離脱運動が起きていたが、一九九三年の分離独立は拙速に思えてならなかった。

スロバキアの面積は日本の八分の一ていどで、人口は五四〇万余。通貨はユーロだ。国民一人当たりのGDPは二万二〇〇〇ドル（台湾とほぼ同額）、農業国家としては豊かなほうであろう。

東隣がウクライナ、この国境を越えて密入国し、西欧へ向かう不法移民は結構多い。なぜならウクライナ・マフィアと連携するスロバキアの地下組織の暗躍があるからだ。

そもそもスロバキアは先史時代のスキタイである。南スラブ系民族が入り込み、中世にはハンガリーからマジャール人が大挙押し寄せた（いまでも人口の一割はマジャール系である）。またスラブ系という意味ではバルカン半島のスロベニアとは民族的紐帯がある。

スロバキアでもっとも有名人は誰？

かのシャラポアと並ぶテニス選手のダニエラ・ハンチュコバだ。ナイキ製品の広告塔としてもダニエルモデルといわれ、一世を風靡《ふうび》する美女。日本の杉山愛ともダブルスを組んだことで知られる。

首都のプラチスバラは国の西端に位置し、西へちょっと行けばオーストリアである。南はハンガリーの太平原が拓けるが、この国は山岳地帯で交通のアクセスはあまりよくない。ともかく教会が林立する街。そうか、この国はチェコと違ってカソリックの国なのだ。だから無宗教のチェコ人とはしっくりいかないわけである。

赤レンガが多く、どっしりと落ち着いた風景の中にバロック、ルネッサンス、そしてアールヌーボーの建築が混在している。

街を歩く。古びたビルが多い。街の中心部は公園で、やはり屋台がひしめき合い、ドーナッツ、ケーキ、中にはアラブ料理のカバブのレストランもある。寒いのに屋外で食をする人が多かった。

戦時中のレジスタンスのオブジェと筆者

歩道にはパルチザンのオブジェがマンホールから顔をぬっと出すようにしつらえてあり、いまもナチスと、その後のソ連軍の侵略に対しての反感は消えていない。

見るべき場所といえば陶器店、時計の骨董屋、そしてプラチスバラ城と旧市街しかないが、歩いていて妙に落ち着くのだった。

ハンガリーの改憲は日本の模範

いまのウィーンとブダペストは「オーストリーハンガリー二重帝国の宗主」だった。

実態はハンガリー王室がハプスブルク家より格下で、二軍選手のようだが、一時は中欧最大の都市だったのがブダペストである。

ブダペストの荘厳な都市作りを見ると、その設計思想は軍事要塞を囲む旧市街、ドナウ河の対岸は商業の城下町という感じを抱いた。

寒くても屋外で食べるハンガリー人

しかし華麗と栄華の矜持《きょうじ》を誇り、周辺に君臨したハプスブルク家は、ウィーンが本拠だった。冷戦時代、オーストリアは西側に与《くみ》して、ウィーンは東西スパイが暗躍する場所としても有名だった。ウィーンに聳える大宮殿の主・ハプスブルク家は欧州の主な王室と姻戚《いんせき》関係を結び、政略結婚の人脈図も壮観である。宏大な王宮は荘厳無比、豪華絢爛《けんらん》である。この白亜の王宮を舞台に欧州の和平が語られ、長い平和が欧州政治に訪れた時期があった。

その隣国のハンガリーはソ連の戦車に蹂躙され共産党独裁の日々が続いた。人々は共産主義の圧政と監視態勢の下で窒息しそうなほどに窮屈な生活を余儀なくされた。

憲法はスターリンが押しつけたプロレタリア独裁を謳う反動的な中味、ＧＨＱが押しつけた日本国憲法の無効性と同様な非民族的内容が基軸だった。一九五六年、自由を求めて民衆が蜂起し、戦車が動員され、数千人が虐殺され、二〇万人が自由圏へ逃亡、亡命した。暗い時代がさらに暗黒と化した。

ソ連から独立したとはいえ、しばし旧共産党のパワーが残り、ようやく二〇一〇年にオルバン・ビクトル率いる中道保守の「フィデスハンガリー市民連盟」が憲法改正に必要な議席を得た。事後、少しずつ憲法を改正しながらも、ようやくスターリン憲法を廃棄し、民族の歴史、文化を高らかに謳った自主憲法の制定にこぎ着けたのだ。

その前文に言う。

「我々は我々の王、聖イシュトヴァーンが一〇〇〇年前に、堅固な基礎のもとにハンガリー国家を築き、我々の祖国をキリスト教の欧州の一部としたことを誇りに思う」

「我々は我々の国の生存、自由および独立のために戦った我々の祖先を誇りに思う」

「我々は我々の歴史的な憲法の成果ならびにハンガリーの立憲国家の継続性および民族の統合を体現している聖なる王冠に敬意を払う」

ハンガリーはアジアからやってきた騎馬民族の末裔、マジャール人が主体で、ソ連に組み込まれた時代を恥としたのである。

ハンガリーは四半世紀ぶりだったので大変化の衝撃という外見的な文明の発展より人々の表情が明るくなったという印象を強くした。

ブダペストの風景

ソ連影響下、かの共産主義独裁の時代、ハンガリーの人々は生気がなく、疲れ切った表情をしていた。物資もまったくなく、町を歩くと当方の服装、時計、鞄《かばん》、靴などをじろじろと見られた。「中欧のパリ」と言われながら、ブダペストには華やかさが欠けていた。

かつて「オーブダ」と「ブダ」と「ペスト」の三つの地区がドナウ川を挟んだが、くさり橋が架かるとともに、これら三地区が合併し、ブダペストと呼ばれるようになった経緯はガイドブックにも出ている。

いまやブダペストは人口二〇〇万。欧州有数の大都会である。ドナウ河には八つの橋が架けられ、また新車の洪水、昔のような排ガスを撒《ま》き散らすラダ、トラバントなどのクルマはまったく見かけない。

ソ連時代にもキャバレー「リド」と「ムー

レストランの楽団は老人ばかり

ランルージェ」があった。筆者にとってはトカイというハンガリー・ワインにファオグラを食し、名物の温泉にも入ってみたい。ブダペストの各所には宏大な温泉があり、混浴（ただし水着着用）である。

当時はハンガリー専門のガイドブックがなく荒っぽい地図と「ヨーロッパ全体」で一冊のガイドブックだけをたよりに汽車に乗ってバラトン湖へ出かけた。この湖は中欧最大で、風光明媚《めいび》、一見に値するが、ブダペストから汽車で二時間以上かかる。

四半世紀前のバラトン湖は、東ドイツからの難民が迂回路《うかいろ》でハンガリーに「観光目的」で入り、このバラトン湖からバリケードの国境を越えてウィーン経由、西ドイツへ向かった。大量難民の経由地として世界に知れ渡ったものだった。

そこで難民キャンプでもあるのかと見に行ったのだ。ところがバラトン湖は完全な保養地であり、行楽客がのんびりと湖畔で寝そべり、レストランで鰻《うなぎ》を頼むと燻製《くんせい》ものだった。テーブルに大皿いっぱい残していたら垣根越しにぬっと手が出てきた。ロマ（ジプシー）だった。

当時から食事に行っても有名レストランでは楽団の演奏があり、日本人とわかると「さくらさくら」を演奏してくれた。帰国後、音楽通に聞くと、「あの曲は下手な楽団でも粗忽《そこつ》なくやれる簡単な曲」だという。滝廉太郎の「隅田川」とそっくりなハンガリー民謡もあった。

王宮の高台から「漁夫の砦《とりで》」を巡り、カフェで休憩を取ったが、当時あった観光馬車は姿を消していた。

ハンガリー系ユダヤ人の象徴はソロス

ハンガリー（マジャール）人とはアジアの東側からウラル山脈を越えてやってきた騎馬民族の末裔である。

言語体系も韓国語に似ていると言われ、しかしその後何世代にもわたって混血しているので東洋人の顔つきではないけれども温泉好き、古典的な音楽が好きという共通点がある。

ブダペストでは西駅のヒルトンホテルに旅装を解いた（旧市内のヒルトンとは別）。

隣接のビルは長いショッピングモールとなっており、高級洋装品に豪華時計、骨董品やらデジタルショップも入居していて、西欧の都会と遜色《そんしょく》がない。歩いている人たちも、たとえば銀座と戸越銀座とでは客層も身なりも異なるように。次にショッピングセンターを出て、西駅地下の細長いモールは、たしかに客層も売っている品物も異なる。しかも下町というより貧困の臭いが染みついた薄汚い照明の街で、これは四半世紀前に見た光景を彷彿《ほうふつ》とさせてくれた。

ブダペストはドナウベントが有名だが、寒い夜に隅田川を屋形船でこぎ出すようなもので、かといって有名キャバレー「リド」に繰り出す元気もなく民族レストランへ出かけた。ハンガリー民謡を弾き語る楽団演奏がある喧《やかま》しい店だが、料理は美味く、ワインも乙なものだった。ずいぶんとこの四半世紀で経済的には発展したのである。

ハンガリーは一九九三年にNATOとEUに加盟したが、まだユーロには加えてもらえず、独自通貨フォリントを使用している。ただし大方の店でユーロは使えた。現地通貨が必要なのは新聞スタンドや地下鉄、バス、博物館の入場料くらいである。

あちこちに中華料理の簡便食堂が目立つが、厨房《ちゅうぼう》を一瞥《いちべつ》したら食欲が萎《な》えた。まともなレストランが付近にない。タクシーで旧市街まで飛ばすのも億劫《おっくう》になり、コンビニで適当に食料を買い込み、ビールとともに部屋食にした。ところが同行した家内が現地のチーズやらソーセージ、ヨーグルトに現地のワインを調達したので、下手な食堂へ行くよりマシな食事となった。

これら中欧諸国には中国人ツアーが目立つとはいえチャイナタウンは存在しない。イタリアのプラトー、パリ、アムステルダム、そしてマドリッドなど西側には小規模なチャイナタウンがあるが、旧ソ連圏の国々で中国の存在が目立たないのは、人々の共産主義への怒り、恐れ、怨念が根強い反感のバネとなっているからで、ソ連と同じに見られている中国人を快くは思っていないのだ。それを肌で敏感に感じるからこそ中国人は他の国を目指すのだろう。

ハンガリー出身者で世界的有名人はジョージ・ソロスである。

ソロスは三歳のときにナチスのユダヤ人虐殺を逃れてロンドンへ行き、シティでメッセンジャーなどをやりながらロンドンスクール・オブ・エコノミックスに通い、経済博士号を取得した。彼を一躍有名にしたのは英ポンドの空売りで一五億ドルの儲けを稼ぎ出し、また円安に投機し、一〇億ドルという破天荒な記録、世界長者番付二四位である。

しかしソロスには慈善事業家という別の顔があり、ハンガリーに欧州中央大学を寄付したり、世界中の共産主義と対峙する組織や人々を鼓舞する活躍をしている。

じつは北京にもオープン・ソサイエティの中国支部を設立したのだが、共産主義と戦う若者を集めようとして、初心《うぶ》なことに支部員として這入り込んできたのはほとんどが中国共産党のスパイだった。中国共産党はソロス財団の動きをフルマークしており、和平演変（平和的手段によって社会主義体制を崩壊させること）の陰謀家と言いふらして追い出しにかかった。八九年五月、天安門事件の一ヶ月前に北京支部を畳んだ。それだけに中国への発言も熱気が籠もり、一六年二月のダボス会議では「中国経済のハード・ランディングは不可避的」と発言して、中国の反撥を招いた。

ソロスの「オープン・ソサイエティ」とは、尊敬してやまない、フロイトやヘーゲル、マルクス、フランクフルト学派を批判し続けた自由な思想家、カール・ライムント・ポパーの代表作『開かれた社会とその敵』に由来している。旧ソ連の共産主義独裁には一貫して反対する一方で、ユダヤ人でありながらも無神論のソロスはイスラエルのネタニヤフ首相を徹底的に批判することでも有名である。

第七章 ドナウ川下流域（ルーマニアとブルガリア）の明るさ

ブルガリアの旧共産党のビル（ソフィア）

ブルガリア右翼の集会

ルーマニアは産油国

ブルガリアはEUとNATOに加盟しアフガンにも派兵したが繁栄は限定的だ

ブルガリアは誇り高い王国だった。

第二次大戦ではナチス側に付いたため、その後の悲劇は陰惨だった。のんびりした農業国家に陰謀をめぐらすいやな政治体制が敷かれたのだ。

地下組織としての共産党は戦前からソ連と密接な連絡があったが、戦後すぐにスターリン主義のゲオルギ・デミトロフが権力を奪い、凄まじい権力争いでは副首相のコストフが処刑され、農業は集団農業、反対派は強制労働に狩り出され、数万人が命を落とした。

デミトロフの死後、ジフコフが登場し三五年の長きにわたって独裁政治を遂行した。この時代のブルガリアはソ連の傀儡《かいらい》、一六番目の「ソ連自治区」と酷評され、ジフコフ自身はソ連共産党政治局員でもあった。

言論の自由、結社の自由はなく、海外へ逃げた反対派を追いかけて暗殺するなど、スターリンのトロツキー暗殺に酷似したテロ行為も平気だった。

その一例がゲオルギー・マルコフの暗殺事件だ。マルコフはジャーナリストとして活躍し英国へ亡命、一九七八年九月七日、ロンドンで後から付けてきた暗殺者に傘を突き刺され、仕込まれ

本屋にも自由化の波

ていた毒によって死亡した。パリの地下鉄でも同様な事件があり、発見された弾丸が同じでブルガリア内務省の関与が濃厚とされた。

その後、紆余曲折《うよきょくせつ》を経てソ連にゴルバチョフの登場による政治的環境の激変があり、ジフコフは表舞台から消えていった。代わりに外相だったムラデノフが臨時元首を務めるが、共産党独裁はあっけなく終焉し、一九八九年にはブルガリア共産党の独裁が潰《つい》えた。

ブルガリア人は生来の活気を取りもどし、言論の自由は回復され、複数政党制が認められる。共産党の本丸は突こつとした高原のてっぺんに軍事要塞のような城だったが廃城化し、いまでは天然記念物のように不気味な残《ざん》骸《がい》を留めている。

二〇一六年には国際環境が激変し、ブルガリアはNATOの最前線、ロシアを苛立たせるが、米軍関与はむしろ強まり、ブルガリアに戦車旅団を配置することとなった。

ロシアから見ると、かつてのワルシャワ条約機構の加盟国で、チェコもハンガリーも、ブルガリアもルーマニアもソ連軍が駐屯していた。東ドイツにも大量のソ連軍が配置されていた。

その撤退費用を西ドイツが支払い、引き上げ後のソ連における兵舎まで設営し、やっとソ連軍は去った。ワルシャワ条約機構は雲散霧消した。

ソ連が引き上げたあと、東欧諸国は次々とＮＡＴＯに加盟し、米軍の駐在を認め、ウクライナと目と鼻のルーマニアに、そしてブルガリアにミサイル基地も設営した。これをロシアから見ると、かつての衛星圏が崩落し、敵側に寝返ったという認識になる。

ペンタゴンは二〇一七年二月を目標に戦車二五〇両、ブラドレィ装甲車に自走砲などからなる戦車旅団四〇〇〇名を配置すると発表した。合計三四億ドルにも及ぶこれらの計画は議会の承認をまって、実行に移されるが、さて東欧諸国はこれをすんなり受け入れるか、どうかが焦点となっていた。

すでにポーランドとバルト三国（リトアニア、ラトビア、エストニア）には米軍が駐屯しており、この列にルーマニアとブルガリアが加わる。

モスクワの反論は「近隣諸国の安全と言っても、ならばロシアはキューバ、ベネズエラ、メキシコにロシア軍は駐屯していない」と拡大した比喩《ひゆ》を用いた。

「この事態とは、換言すれば『米軍の東欧軍事占領』である。ローマ帝国のパターンを真似た行為である」と不快感を露わにして、ＮＡＴＯへの関与削減を唱えるトランプをプーチンは朋友のように支持したのである。

ブルガリア・ヨーグルト

ブルガリアといえばヨーグルト。ほかにこの国に対して日本人の抱く印象といえば、最貧の農業国、かつてのソ連衛星圏の一つということくらいだろう。強いて追加を挙げるとすれば、大相撲に二人のブルガリア力士がいる。琴欧洲（元大関、現「鳴門親方」）と碧山関だ。

ブルガリアを舞台に五木寛之の小説がある。『ソフィアの秋』には「遠景に美しい山脈を配した古い寺院（中略）。牛の背のような山々には白い雪が残って」いる。

ソフィアは盆地である。おりから欧州に吹き荒れるテロを防止するため、どこの空港も警備が厳しい。ところがソフィア空港は思ったほどでもない。テロはこの国には押し寄せていないようだ。

「ソフィアは、黄葉した樹々の間から、金色の尖塔が見え隠れに聳える美しい街」（五木前掲書）である。

地政学的見地からブルガリアが嫌いな国は隣国のギリシアとマケドニアであろうと想像していたが、まさしくその通りだった。

日本が隣国の韓国、中国としっくりいかないように、あるいはフランスとドイツは仲が悪いように隣国関係はどの国でも頭痛の種だ。

マケドニア独立のおりにアレキサンダー大王の出身地をめぐって、ブルガリアとギリシアがクレームを付けた。由緒正しい「マケドニア」を名乗るなどおこがましいというわけで、国連加盟の国名はとうとう「旧ユーゴスラビア・マケドニア」とさせたほどである。

ブルガリアは頑固な国民性があり、民族的には南スラブ、もちろんキリスト教東方正教会だからイコン信仰である。スラブ系が事由かもしれないが国民性は恥ずかしがり屋、そのくせホスピタリティに富む。じつに人なつっこい笑顔を街でよく見かける。

ギリシアのこともよく思っていないから「ギリシアは風光明媚、美しい国だが、ギリシア人がいなければもっと美しい」とさかんにジョークを飛ばす。

空港からバスでソフィア市内に入った。

クルマの洪水、それも新車ばかりで圧倒的なドイツ車市場だが、トヨタも日産も見かける。道は整備され、ハイウェイを一〇〇キロで飛ばす。へぇという感じである。

最初の驚きは新築マンションと別荘群の瀟洒なたたずまい、落ち着いた街の雰囲気だった。最貧国の一つだから歩道も整備されておらず、道はでこぼこだらけという先入観は吹き飛んでしまった。

冷戦終結とソ連崩壊ののち、民主化を果たしてまだ四半世紀、これほど迅速な恢復《かいふく》を見せているとは想定外のことだった。一人当たりのGDPはまだ八〇〇〇ドル弱だが、物価が安いので購買力平価で換算するとひょっとして日本より豊かではないかと錯覚するほどである。

ブルガリアの美女たち

遠くに聳える雪山の美しさ、麓に拡がる田園は見ているだけでも心が和む。なるほど絵に描いたような牧歌的農業国だ。牛、馬、山羊、羊の群れ。田園は豊かな緑に恵まれ、農作物は豊饒《ほうじょう》である。畜産農家が目立ち、牧場が広い。これならヨーグルトが美味しいわけだ。ほかに名産品はチーズとワインである。

ブルガリアの少数派はカソリックにイスラム。そして少数民族問題としてのロマ（ジプシー）が国民の四・五%を占めており、社会問題となっている。ロマは南バルカンに共通の難題である。なにしろロマは子だくさんで、その分、扶養家族手当がもらえるから、逆差別という声が強い。だから欧州を襲う難民に対しても、ドイツのような人道支援を綺麗事、偽善と捉《とら》えており、ブルガリアも移民に対しては排斥感情が強い。

ブルガリアの名所といえば一番は「薔薇《ばら》の谷」だろう。

この旅行の数ヶ月前に広島県福山市に講演に行った。駅の看板が「ようこそ薔薇の名所へ」と書かれていたことを思い出した。

そういえば福山市はブルガリアの薔薇の産地として有名なカザンラク市と姉妹都市、また岡山市は二宮尊徳という道徳家の縁で第二の都市ブラヴディフ市と姉妹都市という関係がある。世界中から観光客が押し寄せる「薔薇祭り」には福山からの使節団が来て、ミス薔薇大賞を撰んだりするというではないか。

日本との結び付きに意外な接点があることを発見した。ソフィア大学には日本語学科もあり、この国は意外に親日的なのである。ちなみに旧東欧で親日派トップはポーランドであると書いたが、次はルーマニアである。ブルガリアはその次あたりか。

となればブルガリア人は中国をどう評価しているのか、いきなりだが気になる。

「中国の評判はこの国では悪いです」とガイドのおばさんが言った。

理由を尋ねると、「中国製品は安いので買う。ところがブーツを買って履いたら脱げずに足が腫《は》れて手術するほどの粗悪品だったり、染料が悪いため肌にできものができる中国のアパレル。ともかく『安物買いの銭失い』という定評があって評判は最悪と言って良いでしょうね」。

ブルガリアの消費者は雑貨以外、最近は中国製品を忌避する傾向があるという。

リラの僧院の地獄絵

ブルガリア正教の総本山は「リラの僧院」である。ソフィア郊外にあってバスで二時間で行ける。

写真で想像してきた規模より小粒の敷地、輪郭のはっきりした僧院は石畳み、金ぱくのドーム、外壁にもフレスコ（壁画）がびっしりとキリストの物語を伝えている。中心の聖母誕生聖堂はマリアを祀《まつ》っている。絵はがきで見るような美しさだが、この教会のたたずまいもステンドグラスの美しさもどことなく人工的で、日本人の感性からいえば自然と調和した美ではない。

翌朝にソフィア旧市街のアレクサンダー・ネフスキー寺院、聖ソフィア教会を見てから旧市街を無目的に散策していると旧共産党ビルへ行き着いた。

いかめしい堅牢な建物はソビエト時代の典型のビルである。あたりを睥睨《へいげい》するかのようだが、そのはす向かいが大統領官邸だ。

衛兵の交替式が一時間ごとに行われ、偶然に観察できた。足を高く上げ、背筋を伸ばし、ゆっくりと行進する。観光客は十数人程度で、あまり珍しい光景でもないらしい。

ブルガリアがソ連の影響圏から離れ、真の「独立」を達成したのは一九八九年だが、この国は六〇〇〇年の長い歴史を誇り、独自の文化的矜持を持つ。半世紀ていどのソ連占領は、六〇〇〇年の歴史からみれば一齣《ひとこま》、ブルガリア人の歴史認識はスパンが長い。

したがって伝統と独自文化への執着が激しく、他国の文化的侵略を極度に嫌う。この点は他の欧州諸国とは大きく違う。このことを初老の女性ガイドに聞くと、彼女はなかなかの愛国者で、「ローマ、モンゴル、トルコと幾多の支配を受けたが、最後にブルガリア人が拠り所としたのはブルガリア語でした。この母国語を失わなかったことでちゃんとして独立国を誇れるのです」。

文字表記はキリル文字だが、近年は多くを英語表記と並列させ、若い人は英語がかなり通じる。ウイグルやチベット、南モンゴルでは中国語が強制され、若い人は母国語を満足にしゃべれないという恐るべき文化、言語支配が進む中、ローマ、トルコの支配下に隷属した歴史があるとはいえブルガリアは大切な言葉を頑固に守り抜いた。

これが歴史の教訓である。

とはいえ、ブルガリアは七世紀までローマに所属し、ついでスラブ民族が侵攻し、混血が繰り返された。やがてローマが衰退するとオスマントルコが侵攻し、一二四二年にはモンゴルの侵略があった。一三九三年以後はオスマントルコ帝国の版図入りし、爾後、じつに五〇〇年の長きにわたり、独立をはぎ取られた時代がある。歴史の空白期がある。

この五世紀の記録がないためブルガリア歴史教科書には五〇〇年の空白ページがある。「五〇〇年の孤独」があるのだ。実際にブルガリアで何が起きていたか謎のままなのである。

ところが近年、紀元前四世紀のトラキアの墓が発見され、なんと金細工の装飾品やフレスコ画が見つかって考古学者が瞠目《どうもく》した。発見場所は「薔薇の谷」で知られるカザンラク郊外だった。

このあたりは峻険《しゅんけん》な山々の谷間に開けた街で、王宮も残り、朝は深い川霧に包まれて周囲は真っ白、視界は五メートルもない。

突如、筆者は宮本輝『ドナウの旅人』の次の一節を思い浮かべた。

黒い森の中にいた。（中略）何の変哲もない泉。けれども湧き出ることを止めない無限の泉。この三つの泉が、ヨーロッパ七ケ国を縫い、またある地点では国と国とを分かつ国境線の役割を担い、約三千キロ彼方の黒海へ注ぎ込んでいくなどと誰が信じることができよう。（新潮文庫）

ブルガリアとルーマニアの国境を分けるのはこのドナウ川の最下流域である。

ブルガリアは民主化されて以後、急速に西側に接近し、複数政党制を実現したが少数政党の乱立があり、旧共産党系と民主派とが勢力を拮抗《きっこう》させてきた。議会は一院制である。しかし二〇一四年総選挙でも八党の乱立となって多数派は存在せず、アドホックな連立政権を組んでいる。政局はまだまだ多難である。

EUに加盟し、いまやNATOの一員。ロシア向けのミサイルを配備するほどに反ロシアの姿勢を鮮明にした。しかし制度改革や金融市場の自由化が遅れ、ユーロにはまだ加わっていない。ということは通貨が過小評価されるから物価が安い。

ちなみにスーパーを覗くと、ビール（大瓶）が一〇〇円、ミネラル・ウォーターは五〇円、ワインは高級品でも一〇〇〇円そこそこで買える。

NATOに加盟して以後のブルガリアの国際的な貢献には著しいものがある。

アフガニスタン戦争では米軍の兵站ルートに協力するため領内に米軍基地使用を認め、共同訓練用の軍事施設も設営した。

二〇〇三年のイラク戦争では米軍に協力して五〇〇名規模の軍を派遣し、アフガニスタンの治安部隊には六〇〇名のブルガリア兵が参加した。ことほど左様に親米姿勢を見せつけたのだ。

かくして親米路線を驀進《ばくしん》するブルガリアなのだが、経済的躍進にはまだ遠く、旧共産党政治の残した制度的弊害の克服にはまだ時間がかかると見た。

あのチャウシェスク独裁崩壊から四半世紀、ルーマニアはいま

ブカレストは「中欧のパリ」に蘇った。

かつてチャウシェスク独裁の悲喜劇がさまざまな物語を産んだあのルーマニアは元気いっぱい、国民は活気を回復させていた。

独裁政治の時代があったのかと思うほどに自由な国に変貌《へんぼう》しているのである。

ルーマニアへ入国したときは難民問題が騒がれていたのだが、国境の検問はあっけないほど簡単、むしろ貨物トラックは長蛇の列で順番を待っていた。三〇年前の厳重な警戒、ものものしい出入国審査という緊張した雰囲気はまるでなかった。当時、鉄道で入国した宮本輝はこう書いた。

いくつかの駅に停まり、そのたびに多くの人々が乗り込んできて、列車はいつしか満員になった。精錬所のある地方を過ぎると、霧に包まれた渓谷にでた。清流がう

ブカレストの雑踏は西側の大都会とかわらない

ねうねと岩肌を縫い、きりたった岩山の麓に村々があった。流れは、あるところで小さな滝を作り、ある場所では山あいの静謐な湖を形成していた。(『ドナウの旅人』)

ここに描かれた峻険な雪山を、いまではバスがトンネルをくぐり抜けてしまう。

開高健のルーマニア紀行は一九六〇年代のこと、彼がまだ左翼の波に揉《も》まれていた頃である。直感力鋭き観察眼で、開高健はたちまちにしてルーマニアの文学者の主張がモスクワに繋がっていたと見抜いた。ルーマニアはローマ人の末裔を名乗り、「ローマ文化の影響下に民族性を出発させて」はいるものの、「過去は移動と分裂の錯綜《さくそう》紛糾きわまりないものである。ヨーロッパと、ラテンと、近東と、スラブの諸民族がそれぞれ新しい血と言語と圧政を運んで、東から西へ、西から東へと動き、その度にここを通過した」(開高健『過去と未来の国々』光文社文庫)。

だからトランシルバニア地方はハプスブルク家の文化的影響度が深刻に残り、町並みはザクセン人が建設し、残していった。都市設計の発想にローマ文明は稀薄《きはく》となった。

ルーマニアといえば「チャウシェスク独裁」とその無惨な末路、贅《ぜい》を極めた宮殿がまず思い浮かぶ。同宮殿は世界第二位の広さを誇る(トップは米国ペンタゴン)。

一九八九年十二月、民衆の蜂起《ほうき》に軍が発砲し数千人の犠牲者が出た。

チャウシェスクは怯《おび》えて共産党本部の屋上からヘリコプターで逃亡したが、隠れ家を見つけら

これがチャウシェスク宮殿（いまは「国民の館」）

れ五分の裁判で大統領夫妻は銃殺刑となった。その映像は世界に流れ、独裁者の凄惨《せいさん》な最後はとりわけ北京の高層部を震撼《しんかん》させた。独裁者は民衆の怨嗟《えんさ》の的になっていた。北朝鮮の独裁者もこの映像に震えたと聞く。

大混乱の日々、世界的有名人コマネチは国境を越えて西側に逃亡した。彼女はチャウシェスクの次男の愛人と言われた。いまはカリフォルニアで体操教室を開いているという。

あれから二七年を閲《けみ》し、すっかり反革命動乱は落ち着いたものの政局は安定せず、経済的離陸が難儀をしているため政党乱立で短期の連立政権を繰り返してきた。ちなみにルーマニアの消費税は二四％である。

ルーマニアで雇ったガイドはブカレスト大学で日本語を学んだ才媛《さいえん》のボイカ嬢、二七歳の美人だった。チャウシェスク時代の暗黒をまったく知らない世代だから物怖じを知らず、屈託がない。

「ルーマニアの東大」と言われるブカレスト大学は旧市内に狭いキャンパスがある。日本語学科が備わり多くの学生が学ぶ。ボイカ嬢もこの大学の卒業生で、「なぜ日本語を学ぶ気になったの?」と聞くと、母親が美術教師でとくに日本絵に興味を持ち、近くの日本語教室に通っていたから、その影響をうけて学び始め、学生時代には三週間、静岡でホームステイ、すっかり日本文化の魅力に取り込まれたという。

同大学では「日本語弁論大会」も活発なうえ、一六年三月には「日本文学シンポジウム」が開催された。ブカレスト旧市街にある大きな書店に入ると村上春樹などの日本文学の翻訳本が並んでいた。ほかにも音楽団、劇団、歌舞伎など日本からの文化施設は頻繁にルーマニア公演を展開している。(そうか、ルーマニアもたいへんな親日国家なのだ)

日本の人気にあやかりトヨタも日産も売れる。地理的にドイツが近いからベンツ、BMW、フォルクスワーゲンにはかなわないけれども日本車はフランス、米車より立派な売れ行きをしめす。

冷戦時代にはソ連製のラダや東独のトラバントさえ、共産党幹部しか入手できなかった。いまではルーマニア国産車ダチャなど一〇〇万円で買える。後者は近隣へ輸出もしており、日系部品工場がブカレスト近郊からハンガリー国境にかけて稼働している。

交通機関が発達しており、いまでは貧乏というイメージからははるかに遠くなった。一人当たりのGDPは一万ドルを越えている。

やっぱりローマ帝国の末裔の人々だけあって経済的繁栄は民主化が原因ではなく、その前からの楽天主義に繁栄の蓄積があるからだ。

かつてブダペスト、ウィーンと並んで、「中欧のパリ」と呼ばれたブカレストは人口二〇〇万人。地下鉄が縦横に走り、トロリーバス、電車、そして国際列車が乗り入れ、観光客が夥しい。おもに西欧からのツアーが目立つのは物価が安いうえにルーマニア人のホスピタリティが魅力であり、くわえてワインが美味しいことだ。方々で西欧からの団体客を見たが、中国人とはほとんど行き交わなかった。

滞在中、毎晩違うブランドのワインを飲んだ。どれもこれもフランスのワインと遜色がない。チャーチルはワイン大好きな政治家だったが、やはりフランスより東欧諸国のワインを好んだそうな。

生きているドラキュラ伝説

ルーマニアといえばもう一つ。吸血鬼「ドラキュラ伝説」がある。

舞台は山奥ブチェジ山に築かれた軍事要塞のブラン城だ。十四世紀、オスマンの軍隊を見張るために要塞が築かれ、山頂に塔が鋭角的に突き出す形で天空へ向かって聳える。

このため麓から急な階段を昇る。城内にはドラキュラ公が着用した軍服や執務室などが残る。もっと急な狭い階段を上って部屋をいくつも見学するシステムとなっていた。城の周りは土産物だらけ、コーヒーカップまでドラキュラ公を描き、掘り出し物はといえば手で編んだレースのテーブルクロスくらいだろうか。

ここへ行くには第二の都会ブラショフから有名なスキー・リゾートのシナイア（ルーマニアの軽井沢）という街を越えて一時間ほど。「吸血鬼」＝ドラキュラなどは創作で、実在した「串刺《くしざ》し公」ことヴァラド・ツェベシェの祖先ワラキア公がモデルだ。十四世紀に押し寄せてきたトルコ軍と最後まで戦った。敵兵を串刺しにしたほどの怪腕の持ち主だった伝説がある。

言うならば外国侵略軍と戦って散華した鎌倉武士の棟梁《とうりょう》のような存在であり、イスラエルで言えば「マサダ砦《とりで》」ではないか。ルーマニアの英雄である。それなのになぜドラキュラの汚名を着せたままルーマニア政府は放置しているのか、不思議に思った。

筆者の推測だが当時このあたりの王家はドイツ系であり、シナイアもブラショフもザクセン人が入植して築いた軍事都市だから、ラテン系のルーマニア人としては素直に英雄伝説に従えないからではないのか。

そういえばルーマニアの北部トランシルバニア地方はザクセンの古城が多く、ドイツ色が強い。

麓のリゾート地シナイアに戻ると、見所は僧院のほかにペレシュ城がある。これは十九世紀、カロル一世の「夏の宮殿」として贅をこらして築城された。やはりザクセン系の要害である。

広い中庭に数十の英雄たちの銅像、入り口は時計台、外見はドイツ風、中はイタリアルネッサンス、バロック、ロココの多彩な様式で装飾されている。荘厳、豪華、夥しい装飾品からも往時の繁栄が偲《しの》ばれる。庭でぼんやりと瞑想《めいそう》にふけっていると多くのカップルがベンチに座り撮影したり、喫煙し談笑していたり、のどかそのものの光景があった。

ボイカ嬢の知り合いの農家を見学させてもらった。

大学卒の夫婦が経営する農家ではイチゴなどからジャムを作って出荷している。夫はフランス人。若い奥さんも大学卒、同級生同士だという。かなり流暢な英語をしゃべるので、聞くとフランス語、ドイツ語もしゃべるという。大学を出て農業経営というライフスタイルは、最近日本でも新宿の農業高校の女生徒が七割というニュースに接していたので、新しい農業ビジネスに挑む傾向が世界的なことを知った。

ブカレストには他にも見るべき箇所が山のようにある。幾多の教会を別とすれば博物館、美術館、オペラハウス、絵画館、そして軍事博物館があって歴史の重みを感じる。

どの国へ行っても筆者が必ず見るのは「軍事博物館」だ。理由は歴史館を兼ねて古来からの戦争による国民史を展示してあるからである。ロシアならクレムリン宮殿の武器庫、中国なら北京に聳え立つ軍事博物館、ポルトガルでも軍事博物館を半日かけて見に行った。

ブカレストの軍事博物館は「ルーマニアの上野駅」といわれるノルド駅から南へ徒歩一〇分、

ブカレスト市内の軍事博物館の中庭

閑静な住宅街に広い敷地を拡げていた。隣は小学校で施設は中庭がやけに広く、ロケット、戦闘機、戦車、野砲など所狭しと並んでいて壮観である。

中庭を囲む四つの角には陸海空と三つに分けての展示、入り口からは歴史パノラマでルーマニア古代からの歴史が手際よく展示されおり、二時間ほどかけても全部は見きれない。ときおり学生グループがどやどやとやってくるのも授業のカリキュラムに組まれているからだろうと想像した。

チャウシェスク宮殿はいまや「国民の館」として観光客が内部見学もできるが、ガイド付きなので入館料が相当高いうえに写真機、ビデオ撮影は別料金だ。独裁の残骸を廃墟とせず、観光資源としての再利用に転換しあたり、ルーマニア人のたくましさを見た。まさしくこの巨大な建物こそが全体主義の残滓を象徴している。

ブカレスト市内には宏大な公園がいくつもあり、緑が豊かで落ち着いた場所として市民が集う。フランス系のスーパー「カルフール」を覗《のぞ》くと、新鮮な野菜が山のように積まれ、肉類にまじって黒海から運ばれた鮮魚も売られている。買い物客でごった返し、消費は旺盛《おうせい》、物価が安いのは為替のマジックであり、ルーマニアの通貨はユーロに対して弱いために外国から見れば物価が安いと錯覚する。しかし平均給与が月六万円ていどの国民にとっては諸物価はインフレ気味で高いという不満が聞こえた。

革命広場の周辺には弾丸跡がまだ残る教会があり、ビルに囲まれた旧共産党本部の前に独裁者だったチャウシェセスクをからかうポンチ絵を展示していた。（これがルーマニア国民の静かなる批判なのか）

ルーマニアの旧共産党本部。この２階からチャウセスクは逃亡

その絵画展示の前方には、民主化弾圧で犠牲となった二〇〇〇余人を追悼する石碑がモニュメントとともに建立され、比較的新しい施設で花束が絶えない。

三日ほど滞在したので、地下鉄の一日券（二四〇円）を買って何回か乗った。ブカレストの地下鉄は快適で、揺れも少なく、バスより便利なので市民の足となっている。

車内でもルーマニア人は観光客なれしているせいか、外国人をじろじろ見たりしない。着ている物や時計をじろじろと見る時代はとうに終わって、若者の服装は西側とほとんど変わらず、スマホを持ち歩いているのも同じである。

またブカレスト市内に「紅はな」があった。包丁を二丁拳銃のように振り回す実技つきの熱演をやりながらの鉄板焼きは世界的流行だが、この国でも人気の的、ただし価格が高いせいか客は少なかった。板前さんは日本人かと思えるほどの風貌だが、フィリピンからの出稼ぎだった。

イメージと異なってルーマニアは他のどの東欧諸国より英語が通じるのも意外だった。道路標識も看板もキリル文字の表示がない。すべてアルファベットに切り替わっていた。

もっとも自由化に遠いと思われたルーマニアが、東欧諸国でもっとも自由化された国になったという印象を強くした。

第八章 旧ユーゴスラビア七ヶ国（スロベニア、クロアチア、セルビア、ボスニア、モンテネグロ、コソボ、マケドニア）とアルバニア

モンテネグロのリゾート地＝コルト全景

パルチザン像（ザグレブ）

ボスニアの右翼の行進（サラエボ）

未承認国家「コソボ」のいま

旧ユーゴスラビアは冷戦終了とともに内戦に陥った。

結果は七つの国に分裂し、以前よりややこしく複雑なこととなった。ソ連が一五の国に分かれ、チェコスロバキアは円満に離婚し、しかしバルカン半島の分裂劇は激しい銃撃戦、民族浄化、そしてNATOの空爆をともなって夥《おびただ》しい血が流れた。

NATOの介入で瓢簞《ひょうたん》から駒《こま》のようにコソボが産まれた。

コソボの首都プリシュティアの目抜き通りを歩いて驚かされたのは戦争の傷跡がほとんどなくなったことだった。札幌のような綺麗《きれい》な町作りで雪が深いため屋根がとがっている。民家は軒並み赤レンガ、美しい風景が復活していた。

コソボはセルビア、ロシア、中国などが国家として承認していない。このため西側の観光客しかいない。日本は欧米に足並みを揃えて承認したが、二〇一六年十一月現在、大使館を設置していない。業務はオーストリアのウィーンにある日本大使館が代行している。

レストランは歩道にまでテントを張ってはみ出し、瀟洒《しょうしゃ》なカフェも朝から賑《にぎ》わっていて意外な感じである。郊外へでると一面の葡萄《ぶどう》畑、トウモロコシ。農家がぽつんぽつんと点在している。

「でも外国へ逃げた農民はまだ半分以上もどっていません。多くの農家は空き家です」とガイドが説明した。この国には日本語ガイドは存在せず、英語である。

見えないテロルという敵とコソボは黙って戦っている。セルビア教会系の観光地にはNATO軍が駐屯し、厳重な警戒をしている。いや、至る所にNATO軍がいる。武装勢力、跳ね返りにまざってISのテロリストが混入することを阻止するためだ。

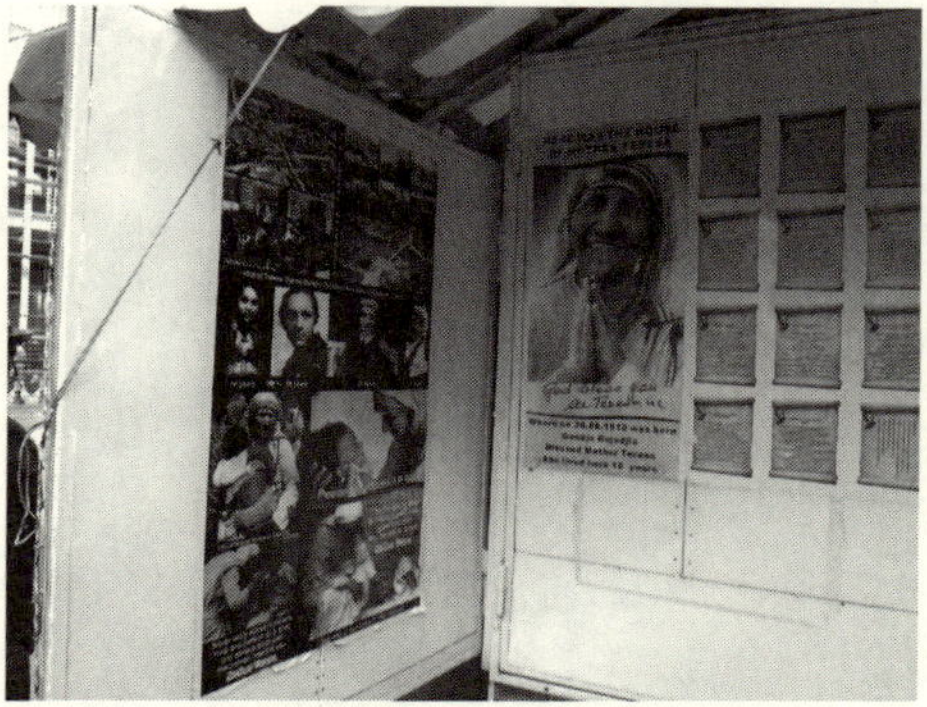

マザー・テレサ記念館はコソボにもある

コソボはアルバニア系住民が主体とはいえ、セルビア人が多く残留しており、モスクと並んでセルビア正教の修道院がある。皮肉なことに世界遺産なのである。入場にはパスポート提示、入り口は幾重にも防御壁があり、イタリア軍が機関銃で武装していた。

目抜き通り（マザー・テレサ通りという）では東洋人が珍しいのか、声をかけてくるが英語が通じない。家族連れで流暢《りゅうちょう》な英語をしゃべる人がいたので話し込むと英国から帰省中だという。つまり外国語に通じたコソボ人は欧米で働き、仕送りしているわけだ。なぜなら産業はセメントていどの鉱山業と牧畜、農業が主で、ほかには観光サービス産業くらいしかない。若者の職場が極端に少ないのである。

コソボはまるで「EUの保護領」、しかも通貨はなんとユーロである。正式なユーロ加盟国ではないが、セルビア通貨を廃止したためコソボは法定通貨を借りているわけだ。物価は安い。レストランでビール一杯二〇〇円、珈琲は目抜き通りのカフェでも八〇円ていど。

コソボはクロアチア人だったチトーがアルバニア系を大量に入植させたためイスラム系の政権に対してセルビア武装組織が対抗した。NATOの空爆があって町が破壊され、政府系ビルはほとんどが崩れ落ちた。

しかもバルカン半島の内戦ではお互いが民族浄化を行ったため皮肉なことに美女が多い。これも驚きである。昔から交通の要衝には美女が多いのは常識で、中国なら西安、重慶、武漢がそうだろう。ヨーロッパならポーランド、シチリアなど例を挙げればきりがないが、コソボ、マケドニアでも美女が目立った。

マザー・テレサ通りの近くに「ビル・クリントン通り」がある。ことほど左様にコソボは親米国家に化けた。スラブ系セルビア主導の政権は復帰不能となり、対照的にセルビアの首都ベオグラードへ行くと、プーチンのTシャツが飛ぶように売れ、人気を集めていた。

旧ソ連衛星圏を大急ぎに一周してみると当該地域への中国の進出ぶりには目を丸くさせられる一方、各地では中国との文化的衝突が激甚になっている。中国は決して好かれてはおらず、いやむしろ脅威視され、嫌悪されている現実がある。カネにあかせての傍若無人と宗主国顔が忌み嫌われるのだ。

文明史観的には中華文明から離れようとする強い力が多くの国々で作用しており、経済的絆《きずな》だけは深めても、中華文化の浸透には警戒を強めているのだ。

マケドニアでは静謐の中、アレキサンダー大王が復活していた

二〇一五年末から一六年春にかけてヨーロッパを蝗《いなご》の大群が襲った。

シリアからドイツを目指す経済難民である。多くがギリシアから北の隣国マケドニア（一部はモンテネグロ経由も含まれる）を経由してハンガリーなどからドイツを目指した。マケドニアは通り道となった。

アレキサンダー大王像が復活（スコピエ）

そもそもマケドニアは古代から文明の通り道だった。

現在のマケドニアは首都スコピエの中央広場にアレキサンダー大王の両親の巨大な銅像が聳《そび》えているが、二年前まで肝腎の大王像をギリシアとブルガリアに遠

慮して建設せず、近くに巨大な噴水があった。後者両国は「マケドニア」という由緒ただしき国名にイチャモンを付けていた。

バルカン情勢も落ち着き、ようやくマケドニア政府はこの噴水のモニュメントを利用して巨大なアレキサンダー大王の銅像を建てた。空港の名前も「アレキサンダー空港」にちゃっかりと変更した。ギリシアの経済混乱に乗じ、抗議させる暇を与えなかった。

マケドニアでは日本人観光客をほとんど見かけなかったが、替わりに中国人の喧噪《けんそう》なツアーが銅像を見上げて写真をバシバシ撮っていた。くわえて西欧からの夥しい観光客がマケドニアにやってくる。中央通りにはマザー・テレサの生家が記念館となっているが、ほとんどの観光客は素通りしていた。彼女はアルバニア人である。

マケドニア国民は教育熱心、大学進学率はじつに八五%（ところが新卒の失業率は七五%）。

オフリドという保養地はリゾートホテルが林立し、猛暑をさけて地元民の家族連れで満員だったのも驚きだった。

いつも間に、これほど豊かになったのか？　オフリド湖は芋の子を洗うような湖畔水浴がまっさかり、水上スキーもボートも盛業中だった。ビキニ姿の若い女性が歓声を上げ、付近の湖畔レストランも満員の盛況、西側の娯楽風景と遜色《そんしょく》がない。

また農業が栄えていて果物も豊饒《ほうじょう》、ワインが美味い。オフリド湖の対岸はアルバニアである。

湖水浴する人々（オフリド湖）

モンテネグロは保養地ビジネス

マケドニアの隣は旧セルビア連邦の一員だったモンテネグロである。やはりユーゴスラビア内戦のどさくさに独立した。

モンテネグロは人口わずか六〇万人の小国だ。コソボより早くセルビアから別れた。一時期「セルビア&モンテネグロ連邦」を形成したが、急激に西側へ顔をむけ、元首も憲法も曖昧《あいまい》なままに独立を宣言した。そして二〇一六年七月、NATOに加わった。

首都のポトゴリツァは人口一〇万人前後、小さな町である。ワインが名産、こってりとボルドーのように重い味でフランスへも輸出しているとか。

海岸にブドヴァという古城をひかえる観光

資源に恵まれた都市がある。この町は全体がリゾートで海水浴、ヨット、豪華レストランにBB（民宿、ベッドとブレックファスト提供という意味）。軽井沢と逗子や江ノ島が一緒になったような景勝地でもあり、深夜バーとカジノ、なんだか退廃的である。映画「007 カジノロワイヤル」のロケ地となって世界に知られた。

このリゾート地の不動産投資はロシアからやってくる新興財閥たちが目立ち、ヨットは西欧の金持ちらが係留している。人口わずか一万七〇〇〇人の町に、毎日四万人もの観光客が宿泊するというから町の性格が飲み込めるかもしれない。地形的には後方三方が山々に囲まれ、隠れた保養地でもあるため沖合の無人島には英国皇太子やソフィア・ローレンの隠れ家もあると地元で雇ったガイドが言った。

ここまで旧ユーゴの南側、すなわちマケドニア、コソボ、モンテネグロを見てきたが、どう見ても「チトー色」が薄い。チトーにまつわる話はほとんど聞かなかったし、記念碑さえない。いや存在したかもしれないが、西側に方針を転換してから痕跡《こんせき》を消したかもしれないと思われるほどにチトー独裁の影が消えていた。

ところが、バルカン半島も北側へまわると、チトー色が一気に全面に出てくる。とくにセルビアとクロアチアはチトー礼讃の風がまだ残っていた。彼らにとっては統一されたユーゴ連邦時代が懐かしいのだ。

あの民族浄化戦争、独立から一五年、クロアチアは安定し、豊かにはなったが……

クロアチアの首都＝ザグレブへはチューリッヒ経由で入った。

ザグレブの青果市場

スイスのチューリッヒの飛行場は思ったより寒く、またバルカン半島の各都市へ向かう飛行機が発着する専用ロビイは閑散としており、乗降客が少ない。あるいはと思ったがザグレブ行きは六〇人乗りのプロペラ機だった。

深夜近くに着陸したザグレブ空港からタクシーで市内へ。警官が街へ出て、厳戒態勢が敷かれていた。「何かあるの？」と問うと「トルコの大統領が来ている」と言う。

「エルドアン？　貴国とはあまり仲が良くないんじゃないの」と聞き返すが、まったく無言。運賃は四〇〇〇円、クロアチアは周辺諸国と比べると、タクシー運賃が高いようだ。

雨になった。それも五月というのに氷雨、手が凍てつくほどに寒気を伴っている。宿舎のパレスホテルはダウンタウンの真ん中、目の前が駅前広場を兼ねたトミスラブ王広場で大きな銅像が建っている。十三世紀、この王が初めてクロアチアを統一した。

歩いて三時間ほどで、ほぼザグレブの全体がわかるほどに旧市街は小粒である。

街はアッパータウンとダウンタウンの南北に分かれており、真ん中にあるのがイェラチッチ総督広場である。ほとんどの電車、バスがここに停車し、市民の待ち合わせ場所でもある。そして世界中の観光客が必ず立ち寄る。広場にはハトが集結して、同時に糞も撒《ま》き散らす。

イェラチッチ総督は十九世紀の軍人として知られ、広場の中心に聳える銅像は、かつてオーストリア・ハンガリー帝国からの独立戦争で戦ったわけだからウィーンとブダペスト方面を睨《にら》んでいた。一九九一年の独立達成以後は南向きに置き換えられた。

もともとこの街は丘の上に十一世紀から拓け、アッパータウンへはケーブルカーで登攀《とうはん》することもできる。高台には市庁舎など市の中枢部がある。ザグレブとはもともと「溝」という意味だとか。

マリア教会の丘から市内の目立つ建物や遺跡、教会を見物できる。青空市場の脇に長いレストラン通り（トゥカルチッチョ通り）が平行しており、その先の石門をくぐって坂道を登ると国会と首相官邸がある。やはり警戒が厳しい。トゥカルチッチョは女性初の新聞記者で女性解放闘士だった。通りの中ほどに彼女の銅像がひっそりと建っていた。その奥にザグレブのレストラン・ランキングで常に十傑にはいる寿司バーの「筍」（TAKENOKO）がある。板さんは日本人だが、

クロアチア国会はこのビルの中

店員は全員がクロアチア人。メニューにある日本語以外通じない。

この国の国会は一院制で、特徴のない、普通のビルの中にある。赤絨毯《じゅうたん》が玄関に敷かれているだけ、粗末とも言える建物だがこの国会で一九一八年にオーストリー・ハンガリー帝国からの離脱を決議し、一九九一年にはユーゴスラビア連邦からの独立を決議するなど歴史の現場なのだ。

近くには世界でも珍しい「失恋博物館」があるが、内部を見学しようという意欲は湧かなかった。こういう記念館は日本人観光客以外、寄りつかないのではないか。

午後、バスで二時間をかけて古都バラジュディンへ行くことにした。ザグレブから北東へ九〇キロの山岳地帯にある。

この古都は十八世紀に一時期首都となった

ことがあり、バロック建築の美しい街として西欧の観光客を集める。「クロアチアの奈良」と言えるかもしれない。

出発のバスターミナルは中央駅の裏側を回り込んだ場所にあり、駅からトラムに乗って六、七分。トラム運賃は一八〇円だ。やはり運賃が高い。長距離バスなのに途中駅で次から次へと乗り降りする人があり、寄り道ばかり。逆にクロアチア人をじっくりと観察できるまたとない機会にもなる。

バラジュディンは街全体が古典的なバロック建築の景観で緑に赤レンガが映える。古き良き建物を大切にするせいか、スタバやマクドナルドなど看板がひっそりと目立たない。

大学の街でもあるから若者が多いが、ほかにこれという産業がない。それにしても空気が綺麗で清浄な水をたたえる小川が流れ、ときに農夫が行き交うが表情が明るい。

バスターミナルから北へ歩いて一五分もすればトミスラブ王広場へたどりつける。その周辺は雨でなければ日傘を拡げてカフェが賑わうのだろうが、ひっそりとしていた。

旧市内くらいしか見るところがないが、オスマントルコの侵略を防いだ軍事要塞《ようさい》の跡が空堀で囲まれ、石畳の目抜き通りさえ人通りが少なく、迷路のような道を進むとようやく市庁舎の裏側にぶち当たった。付近に有名なレストランがあるというので三〇分ほど氷雨の中、探しても見当たらず、適当なレストランへ入ると、まぐれ当たりでワインも料理も美味なうえに安かった。暖かいスープで身体が温まった。

ここで食事に来ていた地元民の会話を聞いているとクロアチア語は語感、サウンドが日本語に似ている。「ダカラサ、ソウイッタジャン」とか音感が若い世代の日本語会話に近いので、えっ、と日本にいる錯覚にとらわれた。若い世代は九〇年代のユーゴスラビア戦争を知らないし、知っていてもバラジュディンは戦場ではなかった（激戦はセルビア国境のヴァコバアル）。だから傷跡がない。したがって屈託もなく外国人への猜疑《さいぎ》の目を向けることもない。

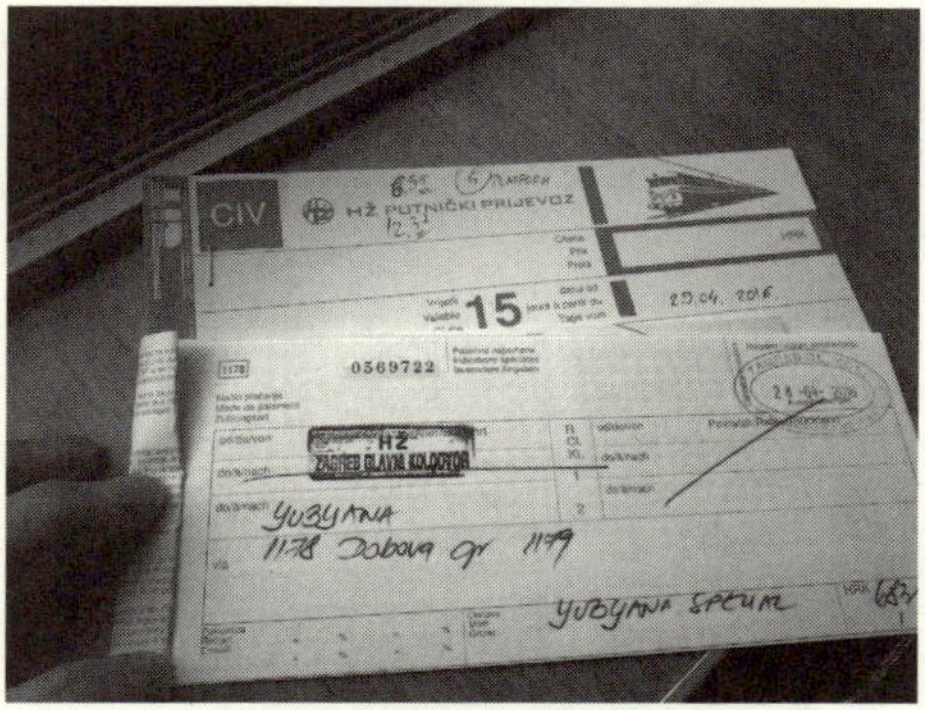

クロアチア鉄道の切符はまだ手書きだ

三日目は最初に鉄道駅に立ち寄り、翌日のスロベニアの首都＝リュブリャーナへのチケットを予約した。ザグレブ駅といえば半世紀前の映画「007　ロシアより愛を込めて」でショーン・コネリーがCIA工作員と便所でカバンを交換する場面があり、筆者はその便所にも寄ってみた。映画当時の面影はなく水洗だった。

それから近郊のサモバルへ向かった。北西へ二〇キロ。バスで四〇分で着いた。

バスターミナルから二〇〇メートルほど南下し、右折して川沿いに一五分ほど歩くと、有名な観光地トミスラブ王広場に行き渡る。中央広場の名称はいずこも同じ。ザグレブもバラジュディンも。要するにクロアチアの初代国王で勇猛果敢に敵と戦った英雄を祀《まつ》っているのである。

河沿いに小振りの公民館や、ちっぽけな公園に土産物屋もあるが、客がいない。小さな街なのにやたら美術館があるのが特徴的である。やはり氷雨、トミスラブ王広場を囲んで十数軒のレストランが味を競うものの寂れた印象はぬぐえず、銀行は営業をしていない。両替に困っていると、タバコ屋の女将が「ここで両替できる」と言うではないか。しかも銀行よりレートが良かった。

サモバルはスィートの街としても知られ、カスタードケーキが有名である。裏通りに入ると極真流空手の道場があった。クロアチアはサッカーなどスポーツが盛んである。

さて広場から河沿いを上流まで行くとスターリン・グラードという軍事砦があり、緑の高台に聳えている。

レストランを選んでいると「ブタのコック」の看板。ためしに入ると、ここも絶品のTボーンステーキと巡り合えた。ザグレブも物価は運賃を除けば安いと思ったが、近郊はもっと安い。肉料理とサラダ、ワイン三杯とビール。同道した家内と二人で三〇〇〇円ていど。

サモバルにも大学があり、帰りも通勤バスのように乗り降りが激しい。しかし東欧諸国はどこも同じだが、大学を出ても就労先が少なく、外国へ出稼ぎに行くしかない。だからこそ彼らは外国語を真剣に学ぶのである。

年配のクロアチア人は目つきが悪く、猜疑心の塊のような、不快な表情をして皺《しわ》が深いが、若者はユーゴ連邦だった頃のチトーの監視体制を知らないので表情も動作も朗らかである（そういえばザグレブのチトー公園にも銅像がなかった）。

だから話題は就労先のことばかり、同時に西側からのレコードや楽器に関心があり、映画や音楽に親しみ、クロアチア独特の文化を語る場面が少ない。スノビズム的にいうと、西側の物品にあこがれがあるのだろうか、薬局へ入ってもマックスファクターとかレブロンとか西側の化粧品ばかり、スーパーへ行って国産のワインが並んでいるのを見るまで、この国のアイデンティティとは何か、考え込んだ。

クロアチア料理は肉が美味い

街を歩いても銀行はＡＴＭであり、窓口業務が少ない。おそらく預金をしないで外貨とすぐにも交換しておき、箪笥《たんす》預金をするからだろう。銀行より両替商の窓口が混み合う。筆者の想像ではなく米ドル、円、ユーロ以外の国々は生活防衛のため、そうしている。

ザグレブに戻って時間が余ったので、また市内をほっつき歩いた。三回目だから地図がなくても歩ける。日本大使館には同道した家内のほうに所用あって立ち寄ったが警備が厳重だった。応接間には意外に日本の図書が数多く並んでいた。

ところでクロアチアはネクタイの発祥の地である。街を歩く男たちはたいがいネクタイをしている。世界的なブランドのネクタイも、市内のど真ん中、イェラチッチ総督広場のはす向かいのビルにある、クロアチア独特のネクタイ店「クロアタ」だ。もちろん覗《のぞ》いてみたが、値段帯はダンヒル並みだった。

ダウンタウンの通りにもスタバ、グッチなど有名ブランド店。カフェ、パブ、そして入れ墨やマッサージが並び、かなり目立つのは書店である。それも英語本はほとんど存在せず、クロアチア語。キッシンジャーやらヒラリーの翻訳がある。隣のスロベニアやセルビアではプーチンの人気が高く、ヒトラー『我が闘争』やムッソリーニ伝記も並んでいるが、クロアチアでは西側へのあこがれが強い。

チトー公園の真ん前は二九の学部がある「ザグレブ大学」で、このキャンパスは昔、病院だった。いまでは「クロアチアの東大」と言われ、エリートが集まる。

そのせいかはす向かいに「ヘミングウェイ」という居酒屋風レストランがある。こうなると無国籍文化が一斉に花開いたようで、いったいこの国には独立を勝ち取ったときの気概はどこへ消えたのか、いやその前に、人々を抑圧し、監視した、あの全体主義はどこへ消えたのかと考え込まざるを得なかった。

クロアチアの名勝ドブロクニクは絵はがきやテレビの旅行番組でおなじみ、それこそ数百万人の観光客が世界中から押し寄せる。

このドブロクニクへ行くにはボスニア＆ヘルツェゴビナの国境を越えなければ行けない。つまりクロアチアの「飛び地」でボスニアの領内にあるからだ。

なぜそうなったかは歴史の複雑さで、バルカン半島はローマ帝国、ビザンチン、十字軍、ブルガリア王国、オスマントルコ帝国と領主がころころと替わり、イスラムとキリスト教がお互いに侵略しあい、攻略した土地の民には宗教を押しつけた。マケドニア、コソボ、モンテネグロなどではムスリムの家に行ってもイコン（東方正教会系の聖画）が飾られている。

ドブロクニクは中世に「アドリア海のベニス」と呼ばれ、十五〜十六世紀に「ラグーア共和国」として自由貿易で栄えた。ベニスの飛び地でもあった。

巨大な軍事用の砦、すなわち軍事要塞に囲まれた町なのである。まるでローマに滅ぼされたカルタゴのごとし。高い城壁に囲まれて海に突き出した戦略的要衝が、古典的な軍事都市を飛び越えて現代では観光名勝地となり、世界遺産となった。だから西欧ばかりか、ここへは近年、日本からも観光客がどっと押し寄せる。麓《ふもと》の城下町はキャラバンサライ風、このあたりからいよいよユーロが使えなくなる。

楽天主義のスロベニア

他国に蹂躙《じゅうりん》され続けたスロベニアがなぜいち早く経済的離陸を成し遂げられたのか？　スロベニアには全体主義の影も形も残っていない。

「スロベニアへ行ってきたよ」と知り合いの女性編集者に言うと、「美人が多かったでしょう?」と意外な質問が飛んできた。

「なぜ？」。「だってドナルド・トランプ夫人はスロベニアのモデル出身じゃない」。

たしかにスロベニアにも美人が多い。というより南のクロアチアは長身の美人、南スラブ系である。他方、スロベニアは文化的にはラテン系カソリックだが、民族はスラブ系という複雑さ。イタリアの目の前なので人種的には混成民族である。だから小柄の美人が目立つ。イタリア人とあまり変わらないのかと錯覚する。

この国も地政学的には軍隊の通り道にあたるためにオーストリー・ハンガリー帝国、ナポレオン、そしてナチス・ドイツ、ムッソリーニの支配をうけ、めまぐるしく政治形態が変遷し、全体主義的な社会が長く続いた。

クロアチアと比較するとまるで両国は陰と陽、光と影、明と暗である。

暗鬱《あんうつ》な表情を見せるクロアチア人の年寄りとは対照的にスロベニア人は明るい表情、笑い方にも技巧がないような印象を抱いた。

バルカン半島の悲劇、とくに一九九〇年以後の独立戦争と民族浄化と言われた戦争を閲《けみ》しながらも、クロアチア以南に感じたニヒリズムと、イタリアに近いスロベニアの人々のオプティズムとは、こうも違うものか。

理由はチトー独裁の連邦の中にあった時代でも大幅な自治権を獲得していたので独自な制度が残り、独立戦争でクロアチアと闘ったのはわずか一〇日間だった。だから運輸など交通のインフラが無傷のまま、工業ベルト地帯もほとんどが残った。したがって独立後の経済発展がめざましく、NATO、EUに一番乗り、二〇一〇年には「ユーロ」にも加盟した背景にそういう事情が横たわる。

人口わずか二〇〇万人強。ところが一人当たりのGDPは二万ドルに迫る。なるほど、そうか。スロベニアの人々は生来明るい性格のようである。

日だまりを好み、日光のもとで喫茶を愉しむのが後者であるとすれば、クロアチアのカフェは日陰を好むのかと錯覚するほどに。

スロベニアは四国ほどのわずかな面積しかないが不毛のカ

電気自動車も普及し始めた

ルデラ地帯が西に拡がり、東はハンガリーへと至る穀倉地帯、農業が盛んである。赤、青、白の三色旗が国旗でロシアなどスラブ系模様だ。ハンガリー系のマジャール人が人口の二％ほどいる。鉄道でクロアチアから首都のリュビリヤーナへ入った。一日三便ほどしかない鉄道は料金の安いバスに客を奪われたせいか、コンパートメントは空いており、我々夫婦だけで一部屋を独占できた。ザグレブから三時間二五分。おどろくほど鉄道の時間は正確だった。隣の部屋にいた英国人と見られる紳士に聞くと、そのままスロベニアを通過してウィーンへ向かうという。

国境で三〇分停車。どかどかと係官が乗り込んできた。出国手続き、次に入国手続き、パスポートにガチャンとスタンプを押す。そのあとで改札の車掌がやってきた。みなむっつりでもなく笑顔、冷戦時代の鋭い警戒の目はなかった。

駅でホテルまでの道を聞くと偶然通りかかった青年が懇切丁寧に地図を教えてくれた。

駅前は整備され、二八番までのバス乗り場が整然と区分けされ、標識もアルファベットなので親しみやすい。タクシーはあまりなく、信号ではクルマが控えめに歩行者を待ってくれる。荷物を引きずりながら歩いた。予約したホテルまでは一〇分もかからなかった。

ホテルの受付嬢は完璧《かんぺき》な英語をあやつり、極めて要領よく設備、ドアの開閉、バスルームの使い方、食堂の位置などを説明した。聞くとリュブリヤーナ市内には大型で三つ星以上のホテルしかなく、バックパッカー愛用の簡易ベッド、民宿、安宿などは新市内から郊外に点在するという。日本人の若者を見かけなかった理由が飲み込めた。

かつて「鉄のカーテン」が敷かれた国境の町

スロベニアで真っ先に行ったのはイタリアとの国境ノヴァ・ゴリッツアだ。首都のリュブリヤーナから長距離バスで三時間二〇分ほどかかる。

相当の道のりだが、途中の田園風景の美しさ、酪農も盛んで牛馬、山羊、牧草地帯の隣が葡萄畑、オリーブオイル。いくつかの雪山を越え、いろは坂のような曲がりくねった峠を越え、景色に飽きないとはいえ、単調な箇所ではうとうとしてしまった。途中、ボストイナという高原リゾートのエキゾチックな町を通る。ここが世界遺産「シコツィヤ

ノヴァ・ゴリッツア駅

国境はこのレールの上に「鉄のカーテン」があった

ン鍾乳洞《しょうにゅうどう》」の観光拠点だ。有名な洞窟城《どうくつ》もあるらしいが、今回はパス、ともかく国境の町へ急いだ。

ノヴァ・ゴリッツアは二〇〇四年にスロベニアがEU加盟を認められるまで「鉄のカーテン」が築かれ、隣町と遮断されていた地区である。ベルリンの東西を分ける「鉄のカーテン」が、この国境をふさいでいたのだ。

剝《む》き出しのコンクリートの壁が撤去されたおりは多彩な祝賀行事が組まれ、多くの国民が集まって祝った。この点も自らがハンマーで壁をたたき割るほどに急いだドイツ人と、法律優先でのんびり待ったスロベニア人との差違が出ているように思えた。

ドイツ人は論理的、イタリア系はケセラセラ。

二〇〇七年に「シェンゲン協定」に署名するまで国道にも、東ドイツ同様な「チャーリーポイント」があって厳重な出入国ならびに荷物検査がなされた。ジョン・ル・カレなどのスパイ小説に必ず出てくる東ドイツのチャーリーポイントは東西ドイツの国境として、厳重な警戒、厳しい荷物検査があった。いまはベルリンの観光名所となった。

イタリアとの国境を形成したそれもいまや検問さえなく、そもそもスロベニアの通貨は「ユーロ」である。かつて筆者はドイツのブランデンブルク門で東西を分けた「ベルリンの壁」がハンマーで叩き壊された直後、逆回りで東ベルリンから西ベルリンに入った経験がある。東西冷戦時代の象徴だった「ベルリンの壁」は撤去されており、交通は自由となり、東ドイツ国民に笑顔が戻ったときだった。

壁のかけらをガラスケースに入れて、一つ二〇ドルで売っていた。石ころに二〇ドルとはあこぎな商売と思ったが、隣の屋台では三個で一〇ドルだ。もともと元手はタダなのだから、それでも高い。しかし記念の土産に三個一〇ドルというのを買った記憶が蘇《よみがえ》った。

ノヴァ・ゴリッツア駅にはその記念館があり、駅前のロータリーには国境を示す石盤の刻印がある。駅の目の前がイタリアだ。往来はまるっきり自由でクルマも自転車も往復しているし、ノヴァ・ゴリッツア市内には大型のスーパーマーケットがあるため買い物にはイタリア側からやってくる。それほど物資が豊富で、しかもイタリアで買うより安いからだ。たとえばカフェでワイン一杯がわずか二ユーロ。タバコ

イタリアとスロベニア国境を示す石盤

プラットフォームがレストランも兼ねる

は四・五ユーロ。イタリアでは三割ほど高いそうな。

そのスーパーへ入ってびっくりしたのは、日本の郊外にあるイオンなど巨大ショッピングモールと同じで、大規模な敷地に生鮮食料品、薬品、健康食品、子供服、書店、スポーツ用品、雑貨、靴、化粧品などそれぞれ専門店やブランドを扱う店も並ぶ。書店ではヒトラーとムッソリーニ伝記も並んでいる。

喫茶店、パブ、食堂も入っている。二階には映画館もある。地下はむろん駐車場で、大半はクルマで買い出しに来るのだ。日本と異なるのは食堂の真ん中がバー、ウイスキーもワインもあって、昼間から飲んでいる人が多いという光景だった。

鉄道駅はのんびりと、いやはやプラットフォーム自体がカフェ・レストランなのである。これは珍しい風景である。地元の人々がビールを飲んでおしゃべり、チェスに興じる老人もいる。つられて筆者夫妻も「プラットフォーム・レストラン」に座り、ビールとピザで昼食をすませてしまった。

乗降用の列車は一日二便ほどしかなく、おもに貨物輸送の拠点となっていた。世の中、これほど平和になったのだ。

首都のリブリャーナは人口わずか二八万人強。しかし繁華街が人で溢《あふ》れているのは観光で支えられた街だからだ。名物の三本橋からお城にかけての全体が観光名所。その周りに夥しい露天のカフェが拡がり、どれもこれも満員の盛況である。アイスクリーム、珈琲、紅茶で饒舌《じょうぜつ》に興ずる地元民はそこからちょっと離れた屋台街に多い。料金が観光客と少し違うようだ。

　ともかくフランシス教会と詩人広場めがけて夥しい観光客が世界各地から押し寄せるが日本人はほとんど見かけなかった。むしろ中国人、韓国人のほうが少し多い気がする。

フランシス教会（リュブリャーナ）

スロベニアの国民詩人ブレシェーレンの銅像

　自由を謳《うた》い上げた国民詩人フランツ・ブレシェーレンはユーロ硬貨のデザインにもなっている。周辺一帯はホコテン、土産物屋に挟まれたレストランも多いが、さきに国会議事堂を見学した。

　この国は大統領が元首、共和制である。複数政党で中道右派、同左派に旧左翼（共産党）、カソリック系保守政党が乱立し、過半数を越える与党が存在しないため、常に連立政権となる。

歩き疲れたので、クリントン大統領が訪問したときに夕食を取ったという「AS」というレストランを探した。ガイドブックにも出ている寿司バーの「寿司ママ」の手前の門をくぐると中庭に四軒ほどのレストラン街が拡がり、ASはその一角にガラス張りの瀟洒な空間を拡げていた。日だまりの露天カフェにはアベックも多く、内部には陽のある時間、客がほとんどいなかった。

ボスニア＆ヘツェゴビナ

欧州最古のイスラム教共同体がボスニア・ヘルツェゴビナにある。初期イスラム教（サラフ）への回帰を訴えるイスラム原理主義（サラフィー主義）がイスラム戦士をリクルートし、ISに次々と派遣している。

ボスニア戦士（三三〇人）についでセルビアの南部サンジャク地域からのIS志願者（七〇名）が目立ち、ほかにもアルバニア（九〇名）、マケドニア（一二人）がシリア入りしたことが確認されている（ウィーン発『コンフィデンシャル』一六年七月十四日）。

インターネットが悪用され、ビデオがネットワークに放映され、無知な青年たちを魅了する。最大の理由は若者の失業率の高さである。バルカン半島の平均が五〇％、とりわけボスニアでは六三％。これは世界最高の失業率である。コソボは欧州では九〇％の国民が三〇歳以下で、IS

のプロパガンダは、「兵士に志願すれば住宅を供給する」と約束し一本釣りをしている。

二番目の理由は旧ユーゴスラビア戦争で夥しいジハードの戦士が乱入してきた事由による。彼らはアフガニスタンでソ連と戦ったプロ級の「戦争の犬」であり、激烈だったバルカン戦争ではイスラム教の武装グループと一緒になって戦闘を継続した。


ボスニア&ヘルツェゴビナはバルカン半島で一番入国審査が難しい。

関所のような国境はバス、自家用、トラックに仕分けされ長蛇のクルマの列、一時間は待たされる。係員の動作を見ていると緊張感はなく、しかも警察が入国審査をしている。オフィスは掘っ立て小屋のごとく、防犯カメラも少ない。

南の山岳地帯から入ると最初の都市はモスタル。ここでこれまでの風景とがらり様相が変わった。町の至る所に空爆で破壊されたビル、その廃墟《はいきょ》がうやうやしく残っているからだ。まるでNATO空爆への恨みを忘れないために、意図的に残したように多くのビルは破壊されたまま、道行く人の視界に否応なく入ってくる。

宿泊したホテルは老舗《しにせ》のブリストルホテルで、目の前がネレトバ河だ。歩道から直接入れるテラスがあり、夕涼みを兼ねてか地元民で午後八時頃から深夜まで満員となって珈琲やビールを酌み交わす社交場となる。貧困な国の印象だったが、生活にゆとりがあるようだ。

モスタルの名勝地はネレトバ河に架かるスタリ・モスト（石橋）で両岸一帯はぎっしりと土産屋、

レストラン、カフェ。音楽機材や、ジャケット、人形、仮面、宗教儀式の機材などシャツと帽子に混ざって売られているが、手を伸ばすほど魅力的な物品はない。狭い路地を押し合いへし合い歩くのだが、ここで一眼レフをかかえた中国人観光団とまた出くわす。ここでも「爆買い」に熱中していた。

コソボ未承認のロシア、中国系は南バルカンでは目立たなかったが、セルビア系の国々（すなわち旧ソ連影響圏）では、ビザの関係から中国人が来やすいスポットになったようだ。町中には中華レストランもあり、サラエボ、ベオグラードへ行くと本格的な中華料理レストランが何軒かある。

セルビアとの国境近くにノーベル文学賞のアンドリッチ『ドリナの橋』の舞台となった「メフファット・パシャ・ソコロビッチ橋」が架かっており川岸にレストランが数軒。ここでビールを飲んで橋を眺めたが、やはりユーロが使えず困った。

サラエボはオーストリア・ハンガリー二重帝国の皇太子が暗殺された場所で第一次世界大戦の直接の引き金となった。

サラエボのラテン橋のたもと、古めかしいビルが博物館となっており、その壁面に「暗殺現場」の石碑が嵌《は》め込まれている。周囲には当時の写真も展示されて、次々と観光客がやってくる。

このビルを起点に付近一帯には数百もの土産屋、レストラン、ビアホール、デパート、教会、

第一次世界大戦はここから始まった（サラエボのオーストリア皇太子暗殺現場）

モスクがひしめき合って、さながら秋葉原、新宿歌舞伎町もびっくりの大混雑。奥まった所にはキャラバンサライ風のカフェがあり、トルコ絨毯が敷き詰められていたので、そこでエスプレッソを飲んだ。周りの客は中国人ばかりで「どこから？」と問うと北京、上海、南京、広州などと沿海部の中産階級が圧倒的だった。

サラエボの宿舎は市内まで四〇分かかる場所だったが五つ星である。空爆で破壊され、建て直した。その再建までの写真集がカラーの冊子となって各部屋に置いてある。外国人にいかに空爆が悲惨であったかと伝えるメッセージとなっている。目の前の大通りは戦争中「スナイパー通り」と呼ばれ、歩いていると、ビル陰から狙撃《そげき》され、多くの犠牲が出た。

しかしサラエボも戦後（ユーゴ戦争のこと）、急激に発展した。近代的ビル、カラフルな路面電車、トロリーバス、日本が援助したバスも日章旗を描いて走っている。教会前の公園に無数のハト、タイル張りの道路にところどころ赤い斑点があるが、これは血を象徴し、戦争を忘れないために埋め込まれたのだという。

サラエボ旧市内の土産では薬莢《やっきょう》から作ったボールペン、

薬莢（やっきょう）から作られたボールペン（サラエボ）

キーホルダーが有名である。鍛冶屋《かじや》通りが残り、彼らが夥しい空包弾や薬莢を分解し、再利用したわけだ。いまもところどころに鍛冶屋さんが営業を続け、トンチンカンと音を響かせている。

ほかに書店と骨董《こっとう》品店が多く、古い懐中時計なども売っている。セルビア語にまざって英語の『サラエボ戦争』『ユーゴスラビアの崩壊』というペンギンブックスがあったので購入した。奇跡的にユーロが使えたが釣り銭はボスニアの通貨。セルビアに入ると使えなくなるので残りのカネで名物のイチジクスナックを買うことにした。

チトー幻像のセルビア

セルビアの首都ベオグラードは筆者にとっ

ては四半世紀ぶりだった。

別にセンティメンタル・ジャーニーでもないが、同じホテルに泊まり、同じレストランへ行ってみた。町は近代的ビルに作り直され、あの当時の美しさを取りもどしていた。木々がこんもりと道路にせり出し、花々が咲き乱れ、平和を取りもどしていた。

町のど真ん中に陣取る有名なモスクワホテルから「クネズ・ミハイロ通り」を進み、軍事博物館までおよそ二キロが歩行者天国でごった返し左右に有名ブランド店、辻々に店を拡げる無数のカフェは超満員、ところどころの広場にロボットのオブジェが無機質に飾られているのは奇観である。

懐かしのチトーTシャツはここだけ

宿泊したメトロポールホテルは完全に建て替えられ、白亜のピカピカ、ロビイは大理石、部屋は広いバスルームに冷蔵庫、高級な絨毯が敷き詰められており、バスローブにスリッパもある。隔世の感である。四半世紀前、チトーも泊まり、世界の主賓が泊まるので迎賓館《げいひんかん》風と聞いていたが、ロビイの廊下は凸凹で、エレベーターは蹴飛《けと》ばさないと動かず、食堂は天井だけやけに高かったが食事はまずかった。

鹿肉で有名なレストランを二時間ほどかけて探し出し、遅い昼飯をとったことを思い出して行ってみると、小さな驚きがあった。付近はアーティストや似顔絵を描く画家と、客のリクエストで歌う歌手、そして周りは全部がレストランではないか。

考えてみればセルビアは不幸な役回りを演じさせられた。同じスラブ系ということで、ソ連の支援が期待できたが、おりしもソ連崩壊、セルビア支援どころか圏内の自治国の独立を防ぐ力もなくしていた。

セルビアに出現したミロシェビッチは、「逆説的な指導者だった。彼には政治的熱情が稀薄《きはく》でナショナリスティックな動機は疑わしく、それでいて政治信念に邁進《まいしん》し、まわりに助言者が不在だった。しかも大衆をまったく無視した。ところがチトー以後のセルビアに彼ほどの力量を持った政治家がいなかった」（ミシャ・グレンニー『ユーゴスラビアの崩壊』ペンギンブックスから拙訳）。隙《すき》を見てボスニアの外務大臣は米国へ飛び、広告代理店と契約し、世界世論にセルビア＝悪役というイメージを植え付ける作戦にかけた。ボスニアはまんまとミロシェビッチを追い込み、空爆の廃墟と引き替えに独立を達成した。セルビアは孤立し、ミロシェビッチは国際法廷に引っ張り出された。

空爆の被害がもっとも悲惨だったのは旧ユーゴの首都でもあったベオグラードだった。いまでこそ近代的にビルに建て替えられたとはいえ、旧国防省、内務省、外務省のビルは破壊された残骸《ざんがい》をそのまま意図的に残している。これはＮＡＴＯへの嫌がらせともとれる。

ためしに米軍機に「誤爆」された中国大使館跡へ急いだ。

これは新市内にある。更地にされ、公園には芝生、角に石碑があって献花の束が枯れていた。一六年春にセルビアを訪問した習近平は、まっ先にここへ出かけて献花している。皮肉にも隣の白亜の建物は日本大使館である。戦後、中国大使館はセルビア駐在大使館となってベオグラードの旧市内へ移転していた。

セルビアの所謂『原爆ドーム』。NATOの空爆で破壊された旧国防省ビルをそのまま保存している

米軍の「誤爆」で破壊された旧中国大使館跡地。新しい中国セルビア大使館は旧市内に新規移転された

かつてユーゴ時代に見学客でごった返した軍事博物館は閉鎖されており、野外に陳列された旧式戦車や火砲が並ぶだけ。国立博物館は改装工事中で、いずれも観察できず、それではと行った先はチトー記念館である。

お墓の前に銅像、等身大の軍服から推察する身長は一六二センチほど、しかも彼はクロアチア人とスロバニア人の両親から生まれたのでセルビア系ではない。

未亡人となったのは三婚目の女性だが、二人の息子は彼女の子ではなく、しかしそれぞれはチトーの死後、清貧に暮らし、社会奉仕に従事した。チトーはなぜか、いまもセルビアの民に尊敬されている。セルビアが主体のユーゴ連邦だったがゆえに、それを統治したチトーはセルビア人ではなかったにせよ、偉大だったというわけだろう。

チトー記念館の周辺は高級住宅地、閑静な佇《たたず》まいに囲まれている。

ふたたび市内の繁華街へもどるとホテルモスクワ周辺は夕方近く涼しくなって観光客でごった返し、中国人、韓国人の個人ツアーが目立つ。日本人もちらほらだが、空爆で恨まれるアメリカ人は稀《まれ》である。


二〇一六年六月、習近平・中国主席はセルビアの首都ベオグラードへ飛んだ。

閲兵式のあと、習がまっ先に訪れたのはベオグラード新市街に残る旧中国大使館跡地だったことは書いた。そう、あのバルカン戦争のおり、米軍が「誤爆」した、情報収集の拠点だった場所である。

NATOの中枢へロシアの軍事的橋頭堡建設の世論作りが始まっている。

セルビアはユーゴ戦争で、一方的な敗者となった。同じく虐殺を行ったボスニア武装勢力もクロアチアもその戦争犯罪は不問に付された。セルビアが負けたのはNATOの空爆だった。セルビアがいつか復讐《ふくしゅう》を誓ったとしても不思議ではない。

セルビアの世論調査の結果が出た。五七％の国民がロシアの軍地基地を領内に開設することに賛意を表し、六四％がロシア外交を支持した。この調査は非政府系「欧州大西洋リサーチセンター」が行ったもので、民意をほぼ正確に伝えていると判断してよい。

地図を開いてみれば判然となるがセルビアにロシアが軍事基地を置くということは、NATOの最前線ブルガリア、ルーマニアの「頭越し」、中欧のど真ん中、つまりNATOの中枢へ軍事的橋頭堡を建設するという意味である。

クリミア併合、ウクライナ問題での西側のロシア制裁の意趣返しだろう。

カラジッチの孤独

三輪太郎『憂国者たち』（講談社、一六年度「三島文学賞」候補作品）に拠《よ》ると、セルビアの政治指導者だったカラジッチはじつは三島由紀夫の愛読者だったという。

カラジッチは「独裁」と言われたミロシェビッチに対抗し、セルビア共和国を指導したが、西側から「ヒトラー」とレッテルを貼られ、失脚を余儀なくされ、一〇年近い逃亡の果て逮捕されて、ハーグの国際裁判所に引き出された。

この間、東方正教会のセルビアはムスリムやカソリック勢力に押し込められ、モンテネグロやコソボまでも奪われてしまった。背後には欧米の支援があり、ついに旧ユーゴスラビアは七つの分裂国家群となった。

たしかにセルビア武装組織はボスニアで、あるいはクロアチアの武装組織と衝突し、まがまがしい殺戮《さつりく》を展開したが、このおぞましさも、冷静に考えると「お互い様」であり、一方が悪く、他方が善人ということにはならない。

だが、ミロシェビッチもカラジッチも、独裁者、殺戮者として一方的に裁かれ、民族浄化を指導した悪者とされてしまった。民族浄化という恐ろしい標語を「発明」し、西側メディアを洗脳するように植え付けたのは米国の「戦争広告代理店」だった。あたかも大東亜戦争が日本に一方的責任があるとして、戦勝国から裁かれた東京裁判と似ている。

この小説は大学で卒論を控える男女学生二人と指導教官が主役となって、男子学生は「三島が嫌いだった」という設定である。父親は共産主義運動に没頭していた。元恋人だった女子学生のほうはカラジッチが三島の愛読者だったという情報を手がかりに単身セルビアへ飛ぶ。意外な設定で小説は展開されている。

カラジッチは「元精神科医でアメリカに留学した経験もあり、詩や童話を書く作家でもあった。（中略）狂信的な民族主義者ではない」。

しかもカラジッチはモンテネグロ人でありチトーのような融合国家を目指した。その「小国の元大統領である彼が、なぜアジアのへリにある島国の一作家を愛読したのか」。そのへだたりと繋《つな》がりを知りたい、と女子学生は思う。真実を調べるべくカラジッチの弟、主任弁護士、彼の友人等にインタビューを繰り返し、なんとかその謎に迫ろうとする。

他方、男子学生はある日、「就活」で出かけた大久保で、ヘイトスピーチをする集団、それに反対する集団のデモにぶつかる。なぜ彼らは憎しみあうのか、つまりこれぞセルビアvs.反セルビア勢力との確執、激突に酷似するわけだが、二回目のデモを見に行ったときにデモ隊の見物の列にいた初老の男性から不思議な冊子を渡されるのだ。歴史書を愛読し、魔法で歴史を解くという彼は、「歴史書とはシカンの魔法」だと言う。シカンは史観である。

純粋な右翼道を求める初老の紳士は高田馬場の小さな雑居ビルに清楚《せいそ》に暮らしながらも日本のあるべき姿を追い求め、日夜、和歌を詠んでいる。自炊生活で本棚には三島の最後のテープ（市ヶ谷台での最後の檄文《げきぶん》絶叫）も納められていた。男子学生は彼のもとに通ううちに、その静謐《せいひつ》な日本主義と和歌を極めようとする態度に惹《ひ》かれる。

作者は特定のモデルはおらず、複数の右翼団体を錯綜《さくそう》させて造型したというが、大東塾の雰囲気が濃厚に漂うかと思えば、明治初期の神風連的イメージを付帯し、それでいて高田馬場の雑居ビルで自炊し、仙人のような存在となれば、元「重遠社」代表で三島研究会事務局長だった三浦重周風でもある（彼も自決した）。

さてベオグラードのバスの中で逮捕されたカラジッチだったが、彼の弟と会った女子学生は弟から、「カラジッチは騎士道を追い求めた」と聞く。「兄は内戦には一貫して反対だった。敵に対しては騎士道をもって接した」。

騎士道？　ならば彼は西欧でも死滅した騎士道を現代に求めたドンキホーテ、いやドンキホーテでもサンチョパンサでもなく、「かれらを自在に操ったセルバンテスである、とわたしは思いたい」と女子学生は言う。ならば三島の追い求めた武士道との繋がりを連想する。

謎が解けないままに帰国した女子学生とすっかり純粋な日本主義を追求する道を歩み就活もあきらめた男子学生とは、卒論の発表会で激突するのがこの作品の大団円だ。おりしもカラジッチの弟から手紙がきた。拘置所へ面会に行った彼はカラジッチに対して日本から女子学生が、その卒論のテーマに真実を求めてやってきたことを話すと、ちょっと待てと言ってボードレール詩集から一ページを破いて、弟に渡す。

その詩は、こうである。

奇妙な運命よ、その目的のうつろうこと　めまぐるしく
目的など　どこにもありはしない
人は希望を絶やすことなく、かすかな安息を見いださんとして、いつも駆けずりまわる
狂人さながら

日本がかかえる危機をカラジッチと三島の目を通してえぐりだすという小説を越える時局の解

析では優れた情勢分析であり、一方で三島論の小説版として読むと、なるほど巧妙に随所に仕掛けられた今日的テーマが籠《こ》められた作品だと思った。

そしてアルバニア。急進的親米派に変身

二〇一六年六月十二日、米国フロリダ州の同性愛者が集まるナイトクラブにテロリストが侵入し、銃を乱射。五〇名が死亡するという大惨事が起きた。フランス、ベルギーに次ぐ大テロ事件がアメリカに再来した。犯人はアフガニスタン系でアルカイーダ、タリバンの影響を受け、ＩＳに忠誠を誓ったイスラム過激派だった。

この銃撃事件を受け、大統領候補のドナルド・トランプは早速にも「（フロリダ州の）オーランドで起きたことは始まりにすぎない。我々の指導者は弱くて無力だ」と指摘し、「私は（イスラム教徒入国）禁止を要求した。タフにならなければならない」とするメッセージを出した。

「ムスリム（イスラム教徒）の入国を拒否せよ」、オバマ政権の進める「銃規制反対」を叫ぶトランプはこの事件直後にヒラリーに奪われていた人気を一時的に回復した。

このイスラムテロリストと、これから書くアルバニアとは結節点がある。

アルバニアは長く鎖国をしてきたので忘れられた国だったが、いまでは首都のティアラの町は交通渋滞がおこり、深夜営業のバーがあり、ＢＭＷ、ベンツ、レクサスが町を疾駆している。同

性愛者が集まるナイトクラブもある。これまでISのテロリズムとはおよそ無縁と思われたアルバニアに異変がおきている。

アルバニアはホッジャ独裁政権時代（一九四四―八五）に反政府の知識人、宗教家、民主活動家およそ六万人が血の粛清にあって消えた。全体主義は社会を暗くし、経済活動に活力を失わせ、三流の農業国家に転落した。古代に溯《さかのぼ》ればギリシア、ローマの支配を受け、東西ローマ分裂後は東ローマ、そして十五世紀にはオスマン・トルコに支配された。オスマン・トルコ時代、キリスト教からイスラムへの改宗を強要され、その遺恨もあってかアルバニアは欧州では珍しく無神論がいまも蔓延《はびこ》る（チェコとこの点で似ている）。

第二次戦争中はイタリアに占領され保護領化、ついでナチス・ドイツの支配をうけ、第二次大戦後のどさくさにスターリン主義のホッジャが政権を掌握し、独裁政治を敷いた。ところがホッジャは国際的共産主義運動には距離をおき、ユニークな路線をひたすら歩んだ。事実上の鎖国だった。

ソ連とたもとを別った鎖国体制下で唯一の援助は中国からやってきた。

中国が改革開放路線に転換すると「裏切り者」と断じて中国批判のもっとも先鋭的な国となった。中国の国連復帰を提唱した「アルバニア案」の提出国だったのに変われば変わるもの、そしてホッジャは憲法を改正し、世界でも珍しい「無神論」を建前の国家とした。

そのアルバニアが冷戦終結直後に民主化を成し遂げ、まっ先にNATOのメンバー入りし、目抜き通りを「クリントン・アベニュー」と名づけ、親米路線一直線を突っ走る。

湾岸戦争の捕虜としてグアンタナモ基地に収容されていたウイグル族五名を引き取ったのもアルバニアだった。他の国々は中国の顔色を窺《うかが》って受け入れどころではなかった。

NATO参加条件として、アルバニアはアフガニスタンの多国籍軍にも軍隊を派遣するほど、その見返りにコソボ独立を勝ち取った（コソボはアルバニア系が多くなり、セルビアが西側の敵とされ空爆で意気喪失したチャンスをついて独立。ロシア、中国、セルビアなどはコソボ独立を承認していない）。

アルバニアの民主化は複数政党制を認めるが、少数政党の乱立となった。このため政局は安定せず、連立政権の組み替え、政権交代が続き、NATO入り後も経済政策はうまく機能せず、高官らの汚職が浸透し、若者の失業率は四〇％に達した。政党は社会党、民主党、緑の党、社会民主党、人権党連合など十数もある。極右の「赤黒連合」というスキンヘッドも目立つようになった。

ホッジャ時代、あらゆる宗教は禁止され、教会は監視されていた。最近、カソリック系のキリスト教会もアルバニア正教系の東方正教会も

アルバニアの国章は鷲

息を吹き返し、やや遅れてあちこちにモスクが建設され始めた。サウジアラビア、UAE、そしてトルコが競うようにモスクの寄付を行い、あちこちに新築ぴかぴかのモスクが乱立した。そこへ外国帰りの宗教指導者が集まって、教育を始めたからテロリストの暴発が懸念されるようになったのだ。

特徴的なことは従来の宗教指導者や教会、モスクではなく、海外から直接的な寄付と指導者の派遣があり、宗教学校が建てられた。宗派登録はともかく、宗教の分布図を見ると無神論が七〇%、東方正教会が一〇%、カソリック八%に比較して、イスラムが一一%。このうち一・七%の神秘主義（スーフィズム）が認められている（ワトソン研究所の二〇〇四年調査）。スーフィズムは中世の暗殺集団が象徴するようにチェチェンの凶暴なマフィアが信仰するセクトでもある。

アルバニアは人口が三〇〇万人弱。面積は四国の一・五倍に満たない農業国家。経済的結び付きは対岸のイタリアである。ところが国旗、国章は双頭の鷲《わし》、赤地に鷲のデザインは一種不気味な印象を与える。

民主化はされたが、その後、ISへ一〇〇名を超えるアルバニアの若者が志願し、シリアとイラクに向かった。モスクの中で、いったい何が語られ、何を教えているのか、アルバニア政府は頭を抱える。

アルバニア政治の形態はイスラム法を基礎とした西側民主主義というアルバニア独特のスタイルだ。ところがモスクで教えられていることは同性愛を認めないとする厳格なイスラム法を実現する路線である。要するに西側民主政治とイスラム法の共存は欺瞞《ぎまん》であり、協調は不可能だとし、「アルバニア政府はアメリカの傀儡《かいらい》だ」と過激派は訴えるのだ。

バルカン半島の民族浄化戦争がおさまって、アルバニア系主体のコソボが独立し、ようやくバルカンに平和が訪れたかに見えたが、地下ではイスラム過激派のテロリズムの温床となっていた。主因は経済的停滞、困窮であり、資本主義を誤解した民衆が「ネズミ講」に騙《だま》されて、全土が暴動に包まれ、治安が悪化した。

ティアラ市内をゆくバイク・リヤカー

なにしろチトー批判の時代から、国民は銃を所有し、アルバニアのいたるところ五〇万ヶ所にトーチカを築いた国柄であり、水と油の宗教の混在、鼎立《ていりつ》が円滑化することは、考えにくいのである。

「虚無的な個人主義者の群れは全体主義の前に拝跪《はいき》する。現に、市場原理主義による世界破壊の大実験のあとにやってきた大恐慌の足音に怯《おび》えて、人々が一九三〇年代の再来かと思われるような政治的動きを各国で始動させている」（西部邁『保守の辞典』幻戯書店）

ティアナ市内には二四時間営業のカフェ、レストラン、スーパーがあり、品物も意外に豊かである。

またタバコが安い。珈琲は都心で一杯七〇円という安さ、せっかくだから早起きしてホテルの周辺を歩くと、午前六時というのにまだバーで飲んでいる人たちがいる。ロバに大きな荷物を載せて野菜を運ぶ農夫。午前七時ともなるとほとんどのカフェが開く。

アルバニア空港の名称はマザー・テレサ空港と改称されていた。彼女はアルバニア人、そして国際的な有名人だからである。

トーチカがアルバニアの至る所、50万ヶ所

ティアナ市内には羽振りの良さそうな豪邸も目立つ。疾駆する車はぴかぴかの新車が目立ち、あの貧乏なアルバニアというイメージはどこにもない。町の真ん中にピラミッドのオブジェを飾る広い公園があり、その先が革命博物館。この中にホッジャ独裁時代の展示があったが見学者がほとんど居ない。冷戦時代の悪夢は遠い過去の記憶となったようだ。
郊外ベレティには古城が残り、鎖国時代には町の真ん中に繊維工場（中国資本）があったという。いまや静かすぎる観光地で、景色が美しいうえ、やはりワインが美味しい。この町も世界遺産で「千の窓の町」と言われる。

名物の橋の上で写真を撮っていたら一眼レフの一人旅、若い男が近づいてきたので日本人かと思ったら中国人だった。バイクでバルカンを一周しているという。中国資本の再進出の下調べかもしれないと思った。

先にも触れたようにＩＳはアルバニアの若者を教唆して、「ローンウルフ」（一匹狼）の育成に力を置くように指令した。

米国「ジェイムズ財団」発行の『テロリズム・モニター』（二〇一六年六月二十四日号）に拠れば、このアルバニアとコソボにＩＳの地下組織が猖獗《しょうけつ》を極め、ラマダン期間中に行動を起こせと指令が出ていた。当局の監視により、ラマダン期間中は過激派が動けなかった。

バルカン半島に戦火が止んでしばらく。世代が交代し、新しい世代には貧困、就職難という経済的困窮の改善が見られず、絶望の果てに過激思想に染まりやすい境遇に陥ってしまった。

絶えず戦雲に覆われるバルカン半島、行方は多難と言わざるを得ない。

第九章 モンゴルの悲劇は終わっていない

衛兵が護るチンギス・ハーン宮

モンゴルの仮装行列

ウランバートルの仏教寺院

大相撲の横綱はモンゴル人ばかり

モンゴルと中央アジアのイスラム圏は似ているようで似ていない。

そもそもモンゴルはチベット仏教の国、旧ソ連中央アジアの五ヶ国はなべてイスラムである。しかも後者五ヶ国はいずれもチンギス・ハーンの軍門に降った歴史がある。タジキスタンを除いて中央アジアは民族的に突厥《とっけつ》、鉄勒《てつろく》の流れを汲《く》むチュルク系。モンゴル人は蒙古《もうこ》族だが、チベット仏教を信仰しており、五体投地の荒修行も盛ん、その感性、その精神性は日本人と似ている。中央アジアは文化人類学的に現在のトルコのご先祖にあたる。だからトルコはウイグル族との連帯感があり、ウイグル人とカザフ人、ウズベク人、トルクメニスタン人との同胞意識が強い。とりわけトルクメニスタンはトルコと強い民族的連帯感がある。タジキスタンだけはペルシア系で、言語もダリ語。昔のソグド族の言葉にペルシア語が重なっている。

モンゴルは事実上、三つに分裂を余儀なくされている。れっきとした独立主権国家のモンゴル共和国とロシア領に編入されている自治区、そして中国に奪われた内蒙古自治区である。

日本人のモンゴルの印象は第一に相撲、第二は遊牧民のテント生活と鍋《なべ》料理、その住居を象徴するゲル（中国語はパオ）。そして民族の英雄チンギス・ハーンだ。

日本の大相撲の横綱は三人ともモンゴル人（二〇一六年十一月現在）。ほかにもロシア系、東欧出身力士が多いが、相撲が苦手な中国人はいない。一人、「中国籍」の力士が居るが、調べてみるとモンゴル人だ。

二〇一五年初夏にウランバートルを再訪した。モンゴルの首都はソ連時代を経て、鎖国をやめるといきなり中国と韓国資本が入り込み、文化的にはごちゃごちゃ、混沌《こんとん》状況になり、文明と非文明が渾然《こんぜん》一体となって同居する奇妙な空間が出現した。摩天楼が建ち、近代的なカフェの隣はソ連時代のいかめしい建物、その隙間《すきま》には貧困な長屋風のアパート。すぐ郊外へ出ると牛、山羊、馬の放牧地が拡がる。

モンゴルはチベット仏教が伝統の国

冷戦が終わり、モンゴルからロシア軍（ソ連軍）は去った。代わりに入ってきたのが中国企業、夥しい中国人労働者と商人、長距離トラックは中国人の運転手である。ついで目立つのは韓国資本、モンゴル人がもっとも期待する日本企業の進出はまだ少ない。

モンゴルの「改革開放」から四半世紀、なにが変わったか？「タタールの軛《くびき》」に悩んだロシアが数世紀を経て復讐を果たすかのようにモンゴルに敷いた過酷な全体主義は一九九〇年代から急速に弛緩《しかん》した。

その旧ソ連への恨みよりも、モンゴル人の燃えるような中国人嫌い、韓国人蔑視《べっし》が強まり、憎しみが深層心理の奥底に渦巻いている。

モンゴル人にとって中国とは、漢族への怨念《おんねん》が歴史意識にぴたりとこびりついた敵である。とはいえ中ロの束縛から離れてしまうとモンゴルは経済的に離陸は可能でないため政治的に敵対は回避される。モンゴルの目は冷戦終結後、一時的に米国と日本に向いた。なにしろ一九九〇年の湾岸戦争発動直後、まっ先に米国を支持したのはモンゴルだった。ウランバートルで最初に目にするのは自由経済を象徴する商業的看板、ネオンの群れ。しかし多くがキリル文字で表記され、新しい企業広告は英語が併記されているものの、レストランでもホテルでもこの文字空間は変わらない。

伝統的モンゴル文字を復活させようにも一九二〇年代の共産化以来、すでに世代が二つ交替し、教育現場はそんなことより英語教育に熱心だ。中国語、韓国語、日本語の学校が雨後の筍のように増えた。だが四〇歳以上のモンゴル国民はロシア文字(キリル文字)しか読めない。

民族の記憶は第一に文字、国語、そして歴史教育だからモンゴルの悲劇はこの点から見て水面下でまだ続いている。ましてソ連時代の「英雄」、ジューコフ将軍の巨大な銅像と記念館がウランバートルに残っているという事実が、こうした矛盾を如実に物語る。

ならばモンゴル独特の文化、伝統、歴史をどうやって民主化以後のモンゴルでは教育しているのだろうか？

　市内にある民族歴史歴史館の写真パネルを見て、おおよその見当がついた。ここでは四つの「大国」がこれ見よがしに展示されている。エリツィン、ブッシュ（父親）、胡錦濤《こきんとう》、盧泰愚《ノテウ》の四人（まだプーチン、オバマ、習近平、朴槿恵《パククネ》に写真は変わっていなかった）が平等にならび、別のコーナーに天皇皇后両陛下の写真が飾ってある。このモンゴルの国際政治に対しての絶妙なる均衡感覚と中米露の間隙《かんげき》を巧妙について韓国企業が大々的に進出し、他方でモンゴル人から一番好かれているはずの日本は相撲人気のみで浮わついている。

ウランバートル市内の中華レストラン

　援助を明示する日本国旗をつけたバスが多く走っていても、肝心の日本人の姿が見えない。至る所に中華料理と韓国焼き肉レストランがにょきにょきと新装開店している。それだけ中国人、韓国人が夥しいのだ。
　近年、モンゴルは中国と新しい経済摩擦、すなわち資源争奪戦を演じるようになった。
　モンゴルの輸出の目玉は石炭だが国際相場が大幅に値崩れを起こした。中国の不況が直接原因となって苦難に直面した。中国の発電は七二％が石炭による火力発電、だから煤煙《ばいえん》、粉《ふん》塵により大気汚染が起こる。それでも世界の石炭消費はふくらむ一方、日本はとうに炭鉱そのものがなくなって主として豪からの輸入に依存している。

東日本大震災直後から日本の原発停止状況によって石炭が見直され、原油を焚《た》く火力についで石炭による発電が増えた。それだけが原因ではない。中国の電力消費が異常なうねりを描いて上昇したため石炭需要が国内炭では間に合わず、中国は豪、インド、米国、カナダ、南アなどから輸入してきた。世界消費の五〇%近くが中国で消費され、日本は微増でしかない。火力発電の新設が日本では容易ではないからである。豪鉱山、ブラジル、カナダほか、中国は世界中の鉱山を買収してきた。

この状況に異変が起きた。

米国のシェールガス革命である。米国の石炭火力発電への依存度は二六%から近未来には二二%へ減少する。このため米国の石炭在庫がふくらみ、価格が値崩れを起こした。あせった中国は逆に南シナ海へ突出した。ベトナム、フィリピンと領有権を争う海域で資源探査活動を強化していることがわかり、さらに同海域での緊張が深まることになる。

世界の石炭大手はBHP・ビルトン（英豪の多国籍企業）、グレンコア（アングロ・スイス）、ピーボディ・エナージー社とアーチコール社はともに米国企業だ。いずれも公害対策に頭を痛めている。モンゴルの石炭産業もこうした世界情勢の変化に大きな影響を受けているのである。

クレーンが林立しあちこち普請中

八年前は北京乗り換えのため往復二日間、北京に泊まらざるを得なかったが、いまは週二便の直行便があって東京—ウランバートル間は五時間半で結ばれている。日本人にはビザは免除。「ミアット・モンゴル航空」はこのところ満員である。乗務員らはじつに愛想が良いが、機内食はいただけない。

チンギス・ハーン空港から市内までのハイウェイは拡張工事中だった。あちこちにクレーンが林立し、付近にマンションやオフィスビルの建設が急ピッチで進んでいるではないか。日本の援助で建設中の新国際空港は二〇一七年夏頃に開港予定だ。

旺盛《おうせい》なビル需要がある証拠で工場も相当数が稼働している。砂漠のオアシスが急激に都市化しているわけでウランバートルは不動産ブームの様相だった。

「この道路建設は日本が援助しております」と看板が立ち、日の丸がちゃんと描かれ、感謝の言葉がある。いっさい感謝の言葉を掲げない反日国家、中国や韓国とはえらい違いだ。

大渋滞に巻き込まれ、ホテルまで四〇分もかかった。朝なら二〇分の距離である。クルマはほとんどが日本製だが、中古車が主流、右ハンドルだからすぐにわかる。白いクルマが目立つのはモンゴル人が意外に清潔好みという国民性からくるらしい。

皇太子殿下、安倍首相も宿泊したチンギス・ハーンホテルに旅装を解いた。都心からやや東に位置するが、付近には韓国料理、パブ、ハングル語の看板が掛かった診療所に喫茶店ばかり。歩いて五分の広大な敷地に中国大使館がデンと構えている。隣のインド大使館よりはるかに広い。ところがウランバートルの中国料理レストランで、中国語があまり通じなかった。

ましてや人民元が通用しない。年間四五万人の観光客のうちダントツが中国人で二〇万人、二番はロシアから一二万、次は韓国人で四万強。日本人？　わずかに一万四〇〇〇人でしかない（二〇一五年の統計）。

中国人は横暴でモンゴル人の怨《うら》みをかっているとの評判なので日本人のグループはわざわざ日の丸のワッペンをつけている。現地駐在の日本人に聞くと、「中国の投資は凄《すご》いです。でもモンゴル人は中国が嫌い。見かけたら殴ろうかという荒っぽい人もいるほど。理由は石炭など資源を強引に値切ること。ビルを建てても労働者を中国から連れてくるのでモンゴル人の雇用に結びつかないからでしょう」。

チンギス・ハーンホテルも中国人と韓国人ばかりで日本人はついぞ見かけなかった。朝食会場で彼らと顔を合わせてもおとなしい、大声を出さないのは五ツ星ホテルだからか。

翌朝、首都をくまなく歩いた。土曜日だったので幹線道路のすべてがホコテン。理由は各種マラソン大会、サイクリング、パラリンピック風の障害者レース。どっと家族連れの市民や若い女性群の買い物ぶりを見ているとほかの新興国と変わらない。

ど真ん中の政府宮殿前は一〇万人は集まれそうな広場である。宮殿入り口にでんと巨大なチンギス・ハーン像、それを衛兵がものものしく警備している。（まさかチンギス・ハーン像にペンキをかける輩はいないだろうに）。

隣の近代的ビルを見て驚いた。証券取引所ではないか。ソ連の傀儡だった冷戦時代の暗いモンゴルの印象はもはやない。斜め前のロシア大使館はひっそりと淋しい風情なのも激変の時代を物語る。歩いているロシア人もかつての威勢良さはない。

トルコでもネパールでもインドでもそうなのだが、結婚式が西洋化され、民族衣装の伝統が廃れつつある事態は衝撃的だ。ベトナム女性はアオザイを着ない。インド女性はサリーよりジーンズ。化粧はハリウッド風となったようにモンゴル人の若い女性もまたコスモポリタンに染まり、

巨大なチンギス・ハーン像と記念館

ジーパンやらホットパンツ、髪を染め、色とりどりのネイル。若い男は入れ墨組も目立つ。したがって日本の繁栄にあこがれての相撲取りになろうという夢も次第に色褪《いろあ》せ、観戦はすれど自らが相撲取りになろうというハングリー精神も稀釈化したという強い印象を抱いた。

市内の至る所にあったスター力士の広告塔が一ヶ所もなかった。日本の援助で建てた相撲会館も、内部に入るとスポーツ用品店と写真展示はモンゴル相撲のチャンピオンだけ。白鵬も白馬富士も鶴龍も写真さえない。白鵬はともかくモンゴル人にとって朝青龍の評判はめっぽう悪い。理由はわからない。

町の両替商ではドル、ユーロ、英国ポンド、日本円についでいくつかの店は中国人民元と韓国ウォンが両替できる。旧宗主国ロシア・ルーブルはもちろん両替できるが、スーパーマーケットや普通の店で通用するのは米ドルだけ。釣り銭をモンゴルの通貨でくれる。

町を歩くと中国人、韓国人そしてロシア人で溢れている。日本人は滅多にお目にかからない。唯一例外は日本人経営のフラワーホテルだけでこのホテルの温泉大浴場は有名だ。八年前、角川映画のチンギス・ハーンを撮影中で五〇名ほどの映画スタッフがホテルを占領していた。

都心のランドマークは「ブルースカイビル」で奇妙なかたち、アラブ好みの高層ビルには高級ブティック、有名ブランド店のほか、日本料理などレストラン、そして最高級ホテルが入居するが、これは中国資本との合弁で前大統領の賄賂《わいろ》疑惑が取り沙汰《とざた》された。

最大のデパート「スカイ」は韓国資本だから並んでいる日用品、加工食品は韓国製ばっかり。

ちなみにビールはハイネッケンが人気、地元のゴビ・ビールは二番人気。薬はドイツ製が多く、化粧品売り場は資生堂だった。

看板と広告塔はロシア語と英語の表記である。ロシアの影響がまだこれほど強く影を引いているかと思いきや。「違いますよ。あれはモンゴル語です。表記がキリル文字ですが、ロシア語ではありません」と小太りの女性ガイドがムキになって説明した。英語をしゃべる若い女性だが、姉はすでに出国し米国ボストンで暮らしているという。本人も米国留学帰りで「観光ブームが終わったら米国へ移住するのが夢」と言った。

日本が寄付した相撲会館の威容

ロシア料理店は減ったけれども、KFCとて一軒あるだけでアメリカンスタイルのスタバもマックもない。かわって急増したのが韓国焼き肉である。

チンギス・ハーン鍋の伝統から焼き肉には親しみやすいと見た。回転寿司はまだ一軒だけ（北朝鮮にもできたのに）。味はカリフォルニア巻きなど寿司もどきばかり。日本流で人気なのは鉄板焼きである。

ガイド嬢は日本語も平がなくらいはなんとか読めると言う。「大学ではロシア語と英語の選択ですが、圧倒的にいまの世代は英語です」。英語の次に人気だけ高いのが日本語で、日本政府支援の「モンゴル日本・人材開発センター」（開所式には皇太子殿下が行かれた）には日本語教材、文献、図書館での自習組など熱意を肌で感じることができる。

「これも相撲の影響ですか？」と問うと、「昔ほどではないです。というより、そんな時代（日本へ行って稼ぐ）ではない。有利な職業に就くためのパスポートとして若者は一生懸命に外国語を学ぶんです」。

そういえばウランバートルは一一五万の人口があり、大学が多くて学生街がいくつもある。若い国なのだ。でも大学は出たけれどまともな職場がないのでモンゴルの若者も外国へ出稼ぎに出る。ネパールもカンボジアもそうであるように。かといって中国語を学ぶ若者が少ないのは「かつて中国を我々が支配した」という妙な歴史意識で、言うまでもなくチンギス・ハーンがモンゴルの英雄、ロゴ入りのウォッカも土産には超人気だ。

そこで意地悪な質問。「成吉思汗陵墓は（いまは中国領内の）内蒙古省オルドスにあるけど？」と言うとハナから「あれは偽物です」といった調子なのだ。元寇《げんこう》にしても「鎌倉幕府は台風のおかげで元寇に勝てた」と歴史教科書も教えているらしい。

「台風だけじゃありません。鎌倉武士が強かったのです」と筆者が説明しても納得しかねる顔をした。

タクシーがつかまらず白タクが横行している。運転はかなり乱暴、ひやりとする場面が多いけれども身のこなし方が鋭いのか、接触事故は一日最低二ヶ所で目撃しても大事故は少ない。石炭など資源を運ぶ大型ダンプはウランバートルを迂回《うかい》して中国へ向かう。

近郊の石炭掘削現場を見学した。小規模な炭鉱が多く、うらさびれた木造家屋が並ぶのは典型の炭鉱町。少年たちが働いている。バイヤーは言うまでもなく中国で、「買いたたくばかりで、もっと良い客はいないのか」と不満が爆発寸前だが距離的に日本に輸出するのは無理である。輸送コストがかかりすぎ、けっきょくトラックと鉄道輸送ができる中国が最大の顧客になる。ほかにレアメタル、ウランなど鉱物資源を産出するが、これも中国へ輸出している。だから外交的には中国重視にならざる得ない。ロシアの影響力は日々低下している。

名刹《めいさつ》ガンダン寺はチベット仏教の本場でもあり、外国人観光客が夥しい。五体投地の信者はほとんどがモンゴル人、中国人は宗教儀式に興味はなく無遠慮に写真を撮るだけ。寺前の参道と公園には無数のハトがいる。平和のシンボルだ。ホコテンに戻ると家族連れ、ファストフードで家族団らん、笑顔が綺麗である。

三日目、クルマをチャーターし、ガイドを雇って首都から七〇キロ北のテレルジへ行った。山腹に屹立《きつりつ》するチンギス・ハーンのテーマパークがあって台座が一二メートル、銀色に輝くチンギス・ハーンの騎馬像は四〇メートル（三階までエレベータで行く）、遠くからも雲にそびえるような英雄像が輝いて見える。博物館、展示場には鎧兜《よろいかぶと》、馬の鐙《あぶみ》から鏃《やじり》、刀が飾ってある。二階には食堂もあって西洋人がグループで食事を取っていた。

民族衣装を着ての記念撮影もできるが、パークの入り口に鷹匠《たかじょう》らが、大きな鷹を観光客の写真用にと商売熱心である。

付近の「亀石」はトルコの世界遺産＝カッパドキア風に奇岩だらけ、恐竜のテーマパークもある。付近に観光用ラクダ乗り、乗馬。アメリカが開発したリゾート・ロッジもあり、夏場は予約しないと泊まれないという。

かくてモンゴルは中国と韓国の資本攻勢に飲まれながら全体主義の殻から大きく抜け出して、独自に発展している。

モンゴルでは鷹匠もさかん

南モンゴルの深い闇

かつてのモンゴルは現在の中国領に組み込まれた内蒙古自治区を含んだ。モンゴル人から見れば、中国に南半分を盗まれたという歴史認識になる。それゆえ何回も言うが、モンゴル人の中国への憎しみは深い。

中国政府は「民族問題は解決した」と嘯《うそぶ》いている。五五の少数民族と多数派である漢族との間には民族差別による軋轢《あつれき》も心理的対立もないと嘯いている。しかし私たちはチベットとウイグルで何が行われたかを克明に知っているし、民族問題の根の深さも深く認識している。

蔣介石《しょうかいせき》独裁時代の台湾で、国民党関係者は「もう本省人と外省人との対立はありません。高い倫理に立って宥和《ゆうわ》したのです」と嘯いていた。ところが巷《ちまた》で耳にした話は日本軍が去って、ひどい軍隊もどきが逃げてきた、つまり「白いイヌが去って、黒いブタが来た」と比喩《ひゆ》していた。国民党は二・二八事件で台湾人を大量に虐殺し、言論を封じ込め、日本語を使うことも禁止した。表だって国民党批判はできなかったが、本省人同士が集まると外省人の悪口ばかりだった。

おおまかに言って中国の少数民族（この呼称も漢族主体の意識で良くない表現だが）は、チベット族、ウイグル族、モンゴル族である。これら三大民族が陰に陽に独立を主張している。もはや独立を言わないまでも、ほかに回族、満族、そしてチワン族がそれぞれ、寧夏回族自治区、中国東北部、広西チワン自治区に夥しく生息している。中国共産党はこれらを一括し「中華民族」と呼称し、みんな差別のない同胞だという絵空事を嘯き続ける。

かつて日本は満州国を建国し、清朝の後継者溥儀《ふぎ》を皇帝に復辟《ふくへき》させ、また河北省を基軸に察南自治政府を樹立し、モンゴルには徳王を中軸とした親日政権を設立した。徳王はチンギス・ハーンの直系、親日的であった。カラチン府には日本人教師も派遣し、日本語の教育を実践したほどだった。

日本の敗戦後、徳王らは国民党、共産党の侵略軍と戦ったが矢尽き、刀折れ、無念の敗北。共産党の軍門に下った。

南モンゴル（内蒙古自治区）では、それからが悲劇の始まりだった。モンゴルの独立は共産主義者の暴力と陰謀のまえに消滅させられた。三反、五反、反右派闘争、大躍進、そして文化大革命とうち続いた血の弾圧で地主が処刑され、あらかたの知識人が虐殺、ラマ僧も学生もほとんどが虐殺された。そして長い沈黙がまだ続いているのである。

まさに内モンゴルの東部（満州国の一部）で革命後、何が起きたのかを日本人はほとんど知らない。共産主義革命とは拷問、獄刑、財産没収、人民の奴隷化だった。こうしたモンゴル人の悲劇については楊海英『墓標なき草原――内モンゴルにおける文化大革命・虐殺の記録』（岩波書店）に詳しい。

ボヤント（宝音図）の『内モンゴルから見た中国現代史――ホルチン左翼後旗の「民族自決」』（集広舎）はもっと具体的に中国共産党が土地改革と詐称する暴力的土地収用と農業公社的な国家運営農業団体の人民支配の酷薄と無惨、その後の文革の足跡を徹底的に現場調査した。

文献と記録文書による照合、現地の生き残りへのインタビューを通じて、ボヤントは克明に戦後の闇《やみ》を描いた。

「大戦前の状況は、中華民国の国民党、満洲国や日本の関東軍、中国共産党および当地の王公などが、分割統治していた。だが、中国側の歴史や研究で公認されているのは『日本軍が敗北し、内モンゴルの東部地域から撤退した後、中国人民の八路軍は、中国共産党の指導に従い、内モンゴルを解放した』と書かれている」がまったく事実ではない。勝者のでっちあげである。「（モンゴル人が）政治的な陰謀に巻き込まれて大量に虐殺され、伝統的な遊牧経済が跡形もなく消されてゆくプロセス」が戦後だったのだ。

「モンゴル人が団結できないように分散させて統治したのは中国と日本」だった。しかしモンゴル人に「大量虐殺を働いたのは中国のみであった」（中略）「かつて日本に協力していたモンゴル人は迫害され、別の統治者に支配されて不幸な運命にあった」（ボヤント前掲書）。

モンゴル人と中国人の対立は現在も続行している。

あの文化大革命とはモンゴル人を抹殺するジェノサイドだった。この歴史的真実が日本でまったく伝わっていないもどかしさ、いったい日本人は何に遠慮しているのか。

チベットの悲劇はダライ・ラマ猊下《げいか》の存在により、そして仏教界の支援もあって、中国の残忍で暴力的な支配はあまねく知られている。ウイグルの悲劇は在日ウイグル人組織の情宣活動やラビア・カーディル女史の世界行脚によって、かなり知られるようになった。

これらに比較すると南モンゴルが経験した民族抹殺という残酷な悲劇が、どうしても影が薄く、多くの日本人がちゃんと理解しているとは思えない。

最大の理由は情報を中国共産党に完全に支配され、南モンゴルで、「モンゴル人が少しでも独自の歴史観を示したり、生来の自治権を主張したりすると、たちまち一九六〇年代とまったく同じようなレッテルを貼られ、逮捕され」（楊海英『モンゴル人の民族自決と「対日協力」』集広舎）るからである。「文化大革命は少数民族地域から収束していないのが事実である」と楊海英氏は悲痛な訴えを続けている。

毛沢東革命が成立してしばし、モンゴルはウランフが統率していた。そこで毛沢東は策謀をめぐらす。「北京の北口玄関に住む『北狄《ほくてき》』を眺めると」（中略）「モンゴル人の指導者ウランフは国務院副総理にして政治局候補委員、国家民族事務委員会主任、『十三軍区』の一つ、内モンゴル軍区司令官兼政治委員を担っていた」。

眼の上のたんこぶを取り除かなければならないと毛沢東は決意する。

ソ連が攻め込んできたら、モンゴルはどちらにつくのかという不安があった。ウランフは「共産主義の大本営モスクワで学んだ輝かしい経歴があり、ことあるごとに民族理論をめぐって毛沢東と異なる見解を示していた」ことも毛沢東にとっては強い脅威だった。ウランフがソ連について南下してきたら北京はひとたまりもない。「事前に不穏の根を絶とうとしてモンゴル人ジェノサイドは発動される」。

同時並行して文化大革命は毛沢東理論を世界に広めようとしていた。日本にもマオイストのセクトが何か狂信的なことを絶叫していた時代である。

しかし「東南アジア諸国や南米で中国に呼応する暴力革命のゲリラ組織が活動していたのと対照的に、北隣のモンゴル人民共和国では北京を好意的にみる勢力は皆無だった。モンゴル人の民族革命の対象そのものがシナであり、シナからの自立こそが半植民地闘争の勝利であると国民も政治家も共通した認識を抱いていた」。

中国は南モンゴルを植民地化したのである。そして「内蒙古自治区」などと呼称し、中華帝国の版図にくわえ込んで漢族を大量に移植させた。漢族もモンゴル人も同じ「中華民族だ」というフィクションを強要した。すると、チンギス・ハーンも中華民族だから、元《げん》朝も中華民族の国という、次なるフィクションが成立する。

「一九六二年はチンギス・ハーン生誕八〇〇周年にあたるためウランバートルは盛大な祝賀行事を準備していた。ところモスクワはチンギス・ハーンを侵略者と見なしており、タタールの軛という恐怖心理も手伝って、この行事を中止させた」（以上は楊前掲書）。

これを聞いてほくそえんだ毛沢東は内モンゴルで盛大な行事を行ってソ連と対抗した。それから半世紀を閲し、「二〇一二年冬、モンゴル国は大統領の主催でチンギス・ハーン生誕八五〇周年祭を盛大に実施した。一方、中国では『成吉思汗』（チンギス・ハーン）は禁句とされ、いっさいの記念活動が禁止された。一九六二年とは対照的な政治政策が導入された」のだった。

ついでに書くと一九九〇年までモンゴルはソ連管理のもとにあり、「モンゴルを日本の侵略から防いだのはノモンハンの英雄、ジューコフ将軍の統率した戦車部隊だった」として首都のウランバートルの一等地に巨大な銅像とジューコフ博物館があった。当時、反ソ活動は徹底的に弾圧され、モンゴルには言論の自由などあるはずもなく、チンギス・ハーンは歴史教科書から抹殺されていた。

一九九一年、ソ連が崩壊し、モンゴルは独立した。直後からモンゴルの指導者は英雄を捜した。「チンギス・ハーンとは何者なのか？」。すでにソ連の独裁時代に教科書が書き換えられていた自分史を知らなかったのだ。

資料と伝記を求めてモンゴルの歴史学者が日本に派遣され、碩学《せきがく》・岡田英弘教授を訪ねた。岡田氏はモンゴル学の世界的権威である。九二年にチンギス・ハーンは歴史教科書に復活し、大銅像と記念館が建てられた。

ノモンハンの闇

まだモンゴル旅行にビザが必要だった時代に筆者はモンゴルルートではなく、中国側からノモンハンの現場へ行った経験がある。

中国黒竜江省（昔のモンゴル）のハイラル（海拉爾）から車をチャーターして、行けども行けども草原、目印になったのはおよそ一〇キロごとの広告看板だけ。同道した長男が「空と地面しかない」と都会っ子らしい感嘆の感想を言った。

一時間走っても行き交う車がない。ようやくバイクを見つけたので道を聞き、さらに迷い込んだ人民解放軍兵舎で道を尋ねたら小隊長が案内してくれた。高原に粗末な見張り塔があり、砲弾の残骸で「和平」と形作って記念碑代わり、付近の小学区に「記念館」があるというので、行くと近くから鍵おばさんがやってきて解錠。展示物はバケツをひっくり返したような雑な並べ方で軍服、ライフル銃、水筒、軍帽、寄せ書きの日の丸、軍靴を無造作に並べていた。まったく雑然とした展示場で、呆《あき》れているとそれでいて入場料が一人一〇〇元（一五〇〇円）。現在は高速道路も繋がってかなり多くの日本人が慰霊に訪れている。しかしモンゴル側からは凸凹道、曠野《こうや》、まだ交通インフラが整備されておらず、四輪駆動で二泊三日かかる。

ノモンハンは日本が事実上勝っていたのに負けたことになっていた。数年前にロシアの資料が発見され、それに拠れば戦車損傷、兵士の戦死数などから判定して日本が辛勝している事実がわかった。

ノモンハンの英雄ジューコフ元帥は対ナチス戦争の前線へ送られた。スターリンは、ジューコフの人気が高いのに嫉妬《しっと》したからだったが、この配置換えでも、ジューコフはナチスと戦って追い出し、英雄となった。

ウラジオストクの戦争博物館を見学したとき、極東ですら日露戦争の展示が極端に少ない。ガイドに聞くと、「あ、あれ（日露戦争）は小さな戦争ですから」と嘯いていた。敗北した戦争は小さく展示するということだろう。「それじゃ、大きな戦争って、何ですか？」と聞き直すと、「大祖国戦争です」（第二次大戦）と答えたものだった。

モンゴルを支配したジューコフ博物館はまだウランバートル市内に残る（筆者が二〇一四年九月に見学した時点ではまだあった）。

モンゴル市民は誰も訪れようとせず、取材に行くとKGBの生き残りのような陰険な風貌《ふうぼう》のロシア人が管理していて、ギギィと軋《きし》むドアを開けた。見学者は筆者一人だった。しかしモンゴル人にとってもはや栄誉を与えるべき人物でもない。そのうちジューコフ記念館は閉鎖されるに違いない。

ロシア本国ではスターリンに対抗したジューコフは人気が高く、ロシアばかりかベラルーシの戦争博物館へ行ったらジューコフ元帥のトルソが飾られていた。ナチスと戦った英雄として。時代の変化とともに歴史的評価も変遷する。

南モンゴル（内蒙古自治区）が中国共産党の圧政から立ち上がり、モンゴルと合邦できるのはいつの日か？

エピローグ

むしろ全体主義に転落しそうなのは日本ではないのか

西側は言葉の戦争で負けている

「地球市民」「ボーダレス」「新自由主義」などの言葉は響きが良く耳障りにならず、まさか共産主義、全体主義の裏返しであることに気がつく人は少ない。いまはやりの「グローバリズム」とはかつて熱病のようにもてはやされた共産主義のメダルの裏側である。一種の全体主義的なのだ。

東西冷戦は自由主義諸国が勝利してソ連が崩壊した。中国は極度に警戒し、独裁体制を引き締めたが、共産主義イデオロギーは雲散霧消した。

それから四半世紀を閲したというのに日本のメディアはまだまだ左翼偏向が強い。というよりＧＨＱの洗脳から逃れきれない人たちが時代錯誤の暴論を繰り返している。彼らの好きな言葉は「平和」「市民」「反戦」である。

事実に即さない、想像上の虚構から勝手に論理を組み立てた観念的な暴言が、あたかもラウドスピーカーのごとく左翼の大手新聞やテレビに登場してくる。このため一般読者を惑わすのである。

しかし真実はインターネットの普及によって、ブログやツイッター、フェイスブックなどで語られるようになり、大手メディアへの不信、懐疑が国民の間に急激に拡がった。マスコミの作り出す世論と国民の意識が大きく乖離《かいり》しているのにメディアの多くはこの現実を見ようともしない。

ジャーナリスト自らが左翼のプロパガンダを拡大するという役目を担わされていても、それを自覚していない。自覚がないのに、ある程度の影響力を行使ができる人を「無自覚のエージェント」（UNWITTING AGENT）という。典型はかの鳩山由紀夫元首相だろう。「影響力のある代理人」として中国やロシアの使い走りを自ら引き受ける。

この区分けはスタニスラフ・レフチェンコ証言でも頻繁に出てくる。レフチェンコは在日KGB工作員だった。主として日本のメディア工作に当たった。八〇年代初頭にアメリカに亡命し、議会証言をしたが、当時の日本のメディアの中にうごめいた「ソ連の代理人」を具体例とともに挙げた。議会証言録は筆者が翻訳した（『ソ連スパイの手口』山手書房、絶版）。

メディアはなぜ真実に蓋《ふた》をし、嘘《うそ》と明らかなことを書き連ねるのか。なぜ戦後のメディアは真実を隠蔽《いんぺい》し、自己規制をかけてきたのか。不都合な真実には目をつむり、一方では保守系を「極右」とののしり、レイシストとか差別主義とかのレッテルを貼り、極右思想と決めつけ、大事なことは何一つ報道しなかった。たとえばフランスやオーストリアの「保守党」をなぜか「極右」とレッテルを貼り、あるいはトランプを「ファシスト」「ナチス」と呼称して、イメージの悪化を唱える。

日本でも同じことが繰り返されている。

根底にあるのは根の深い、日本への憎しみなのである。暴力をふるう左翼運動が「市民運動」となり、革マル派や中核派などが「左翼暴力団」という本質は絶対に表現せずに「過激派」と曖《あい》昧《まい》な表現にする一方で、保守系の団体は「右翼団体」と書く。言葉のイメージ操作である。

戦後の日本の言論空間は、怪しげな雲に覆われ、人々は口を閉ざし、真実は葬られ、嘘だけが拡大してまかり通った。

阿比留瑠比『偏向ざんまい――GHQの魔法が解けない人たち』（産経新聞出版）は、ようやく近年「戦後のタブーは破れ、確実に社会は正常化しており、以前はうかつには口に出来なかった『本当のこと』を堂々と語れるようになってきている。戦後の占領期、GHQは新聞、ラジオなどメディアに①東京裁判②GHQが憲法を起草したこと③中国――等への批判や、『占領軍兵士と日本女性との交渉』などへの言及を禁じ、厳しく検閲してきた」と近年の偏向報道が多少は改善していることを指摘している。

これらの自己規制から徐々に解放され、多くの真実が語られるとはいえ、まだまだ世の中は誤解、曲解がまかり通り、日本のマスコミに巣くう左翼ジャーナリストらの面妖《めんよう》なる記事や論調がたちまち英訳され世界にばらまかれている。日本に「軍国主義の復活が見られ」「戦争犯罪を隠蔽する動きがある」とか、トンデモ記事が散見されるのである。

ヘレン・ミアーズの『アメリカの鏡　日本』には、次の記述がある。

「占領軍が被占領国民の歴史を検閲することが、本当に民主的であるかどうか。アメリカ人はもっと議論する必要がある。私たち自身が日本の歴史を著しく歪曲《わいきょく》してきた」と実直に語っているように、世界の本物の知識人は知っているのである。

「平和」への信仰ぶりも同様である。

中国、韓国のでたらめな歴史観に基づく強制連行、慰安婦=性奴隷、大虐殺など、日本はまさかとは思いながらも誠実に弁明し、釈明し、事実を認めたかのような謝罪を繰り返して、世界の笑いものとなった。謝罪とは日本以外の国では「金銭の補償」という意味である。この日本批判の合唱に巧妙に便乗してドイツ、英国、そして米国が日本を貶《おとし》めるキャンペーンをしゃあしゃあと繰り出している。

いずれも自らの過去の残虐さ、たとえば広島、長崎などの戦争犯罪を隠蔽するのに中国、韓国の日本批判は格好の隠れ蓑《みの》というわけだ。

日本の目の前の脅威は指摘するまでもない。北朝鮮の核爆弾と、中国の軍拡を等閑視している日本のメディアの危うさ。

かれらは「平和」という魔法の妖術を用いて大衆をたぶらかし、中国と北朝鮮の軍事力は「脅威」ではないと言いつのり、防衛を強化することに反対してきた。日本の防衛費は世界の常識であるGDPの二〜三%の半分以下、これでは独立国家とはいえないのではないか。

軍国主義ファシストは中国だ

日本の隣には「北の核」に加えて、もう一つの独裁国家がある。醜悪な独裁体制で、情報をすべて統制し、国民を洗脳し、戦力を日々強め、日本に侵略を準備している国がある。日本の目の前にあって、不気味な軍事力威嚇を続ける中国の現実である。中国は問題をすり替えるために南京大虐殺という嘘放送を声高に繰り返し、不都合な真実を葬る。この遣り方に英国もドイツも米国も黙っている。米国は広島・長崎、東京大空襲における大虐殺をほおかむりし、日本が残虐であったことに歴史を改竄《かいざん》した。筆者はここで、どうしても三島由紀夫の言葉を思い出すのだ。

戦後の革命思想が、すべて弱者の集団原理によって動いてきたことを洞察した。いかに暴力的表現をとろうとも、それは集団と組織の原理を離れえぬ弱者の思想である。不安、懐疑、嫌悪、憎悪、嫉妬を撒きちらし、これを恫喝の材料に使い、これら弱者の最低の情念を共通項として、一定の政治目的へ振り向けた集団運動である。空虚にして観念的な甘い理想の美名を掲げる一方、もっとも低い弱者の情念を基礎として結びつき、以て過半数《マジョリティ》を獲得し、各小集団社会を『民主的』に支配し、以て少数者《マイノリティ》を圧迫し、社会の各分野へ浸透してきたのがかれらの遺口《やりくち》である。(『反革命宣言』)

軍国主義ファシストは紛れもなく中国だが、日本の報道は基本姿勢からして面妖なものだった。都合の悪い部分を伏せたから、中国が軍国主義ファシスト国家であるという真実がまるで伝わっていない。中国の南シナ海における軍事力拡大の狙《ねら》いは覇権主義による同海域の制圧である。

「会議は踊る」、いまも踊る

中国杭州でのG20(二〇一六年九月四日—五日)に引き続きラオスのビエンチャンで開催された「アセアン首脳会議」(九月七日—八日)。

しかしアセアンの「共同声明」は南シナ海の仲裁裁判所の判決に関して、何の言及もなされなかった。ともに「成果」は空っぽ、何のために国際会議を開催したのかという結末だった。

しかし、静かな成果はあった。

第一に米中対立が明確になったことである。オバマ専用機に赤絨毯を敷かないという中国側の「歓迎」ぶりは、カーター、ブレジンスキー時代から言われた「G2」構想が音立てて消滅したことを意味し、習近平が就任以来執拗《しつよう》にオバマに迫ってきた「新しい大国関係」は蜃気楼《しんきろう》となってどこかへ消えた。

第二にアセアン諸国が中国の脅しとカネを目の前にいかに脆弱《ぜいじゃく》であるかを晒《さら》したこと。日本の頼りなさは以前からの問題だが、安倍首相は限られた条件の中で、個別会談を重視し、プーチンの来日確約、韓国へは慰安婦像撤去再度要請など多少の得点があった。

第三に数限りない「国際会議」に中国がきょろきょろと参加するようになってから、中国は自らの孤立感を自己認識できるように進歩したことである。とりわけ「シャングリラ対話」で、中国の強硬路線がアジアの多くから嗤《わら》われており、四面楚歌《しめんそか》の状況であることを知覚した。「米中戦略対話」は、経済に特化し始めた。

野蛮人がネクタイをし、文明人は裸にあこがれるように、懸命に文明国に近づこうとする北京だが、国際会議での発言やパフォーマンスをともなう演出は、すべて国際世論に訴えようとするより国内の権力闘争への思惑が基軸となってきた。それでも「国際秩序」なるものが他の国々の価値観の中で重要な位置をしめていることに気がついたらしい。

中国が軍艦を派遣して軍事力を誇示する。

フィリピン、ベトナムの領海である海洋の七つの珊瑚礁を破壊して人工島を埋立て、軍事施設をつくり、挙げ句に二六〇〇メートル級の滑走路まで敷設《ふせつ》し、レーダー基地と防空ミサイルを配備した。そのうえでいっさいの証拠を提示することなく、堂々と「古来より中国領だった」と居座る。白昼堂々の強盗、侵略行為を、国際社会は弱々しく、「秩序を守れ」「航行の自由」「一方的な秩序の変更は許されない」と批判はしたものの、侵略者＝中国を名指しししない。

チャンバレンの宥和政策は、けっきょくナチスの横暴と中欧諸国への侵略をもたらした。チャンバレンは「平和を持ち帰った」と言ったが、お土産は戦争だった。

ナチスはワイマール共和国というたぐいまれな民主制度の下で、選挙民が撰んだ結果がヒトラー政権の誕生だった。

そして「初期のヒトラーはシオニズムに理解があった。ユダヤ人が中東の地に帰り、国家を建設することに賛同していた」（リビングストン元ロンドン市長）。途中から路線が変更となったのも、ドイツ国民の民意ではなかったのか。

G20は各国代表がそれぞれの主張をがなり立てるだけ、続けてビエンチャンで開催されたアセアンは親中派のラオスが議長国だったために南シナ海を議題としないようにカンボジアとともに北京の意向を受けて、根回しをしてまわった。要するにこれら一連の「国際会議」なるものは延々とおしゃべりを続け、合間に踊りを愉しみ、ワインを空けて平和を語ったウィーン会議の再来でしかない。

メッテルニヒの時代のように、宮殿で「会議は踊る」。されど侵略を制御することも、押し返すこともできなかった。

しかし民主主義国家とて、突然、全体主義的政治風潮に脅かされることがある。

所詮《しょせん》は「人工国家（ネイション・ステーツ）」であるがゆえ付帯する宿命とも言えるだろう。移民や流入が激しく人種、民族の坩堝《るつぼ》となれば宗教も多彩で国教を定めることはできず、人生観、価値観も多様となり、ナショナル・アイデンティティは稀薄になるのは必然的な流れ、文化的、精神的紐帯《ちゅうたい》は対立的であり、基本は契約社会でしか成り立たない。

となると共通の目標が自由とか博愛、平等になる。政治機構としては元首と行政、警察と軍隊があれば国家は機能し、納税者とは対立的になるのだ。

具体的に先進各国を見よう。

英国の場合、この国はもともと連合王国である。女王陛下の権威は宗教が裏打ちしている。カソリックから別れた英国国教会が支配し、これを不服としたピューリタンは英国から海を越えてアメリカ大陸へ渡った。第二次大戦後は、植民地支配が瓦解し、ここへ旧植民地のインド、パキスタン、ナイジェリアあたりからどっと移民が混入し、EU加盟後はポーランドからも一〇〇万人、これでは伝統的歴史的価値観は喪失寸前となる。

米国の場合、共通の目的は自由、民主、人権、法治となり、ファミリーヴァリューを尊ぶという共通性はあっても、多彩な宗教は国家の統一性を形成しない。このため政府と納税者、利益団体、地域エゴ混在、連帯感が欠如する。大統領選挙に見られるように、国家目標の分裂、政治の多元化は国内のまとまりをさせないという反作用を産みやすい。

フランスの場合、すでにゴーリズム（国家の栄光、民族の威光）は行方不明である。アルジェリアからの移民がイスラム化を促進し、フランス至上主義は文化多元化に置換され、ドイツの従属的立場を甘受せざるを得なくなった。移民排斥、フランスファーストを叫ぶ国民戦線への熱狂的支持も上限が見えている。

経済の優等生、ＥＵの牽引車《けんいん》といわれるドイツの場合でも戦前まで確乎としてあったゲルマン民族至上主義は壊滅した。戦後、大量のトルコ移民で国柄が変貌《へんぼう》し、ナチスへの猛省は民族的同一性を消滅させ、ドイツは経済的優越感を誇るだけの存在となった。ドイツというナショナルアイデンティティはどこを探しても見当たらない。

全体主義の呪いは日本で解けず

二〇一六年六月四日、天安門事件から二七年が経って香港では一三万人規模の集会が開催された。

ただし民主派団体がばらばらで結束せず、学生らは香港大学、中文大学でそれぞれが独自の集会を開いた。「反中国共産党」だけが合意点で全体の運動はダイナミズムを欠き、整合性はなかった。香港の民主諸派の分裂は中国の工作員の潜入や脅し、嫌がらせなどが原因であり、しかし若者たちはかえって反抗心を高めた。欧米でも留学生等による集会があった。

日本でも四谷で数百人の在日中国人、留学生、これを支援する日本人が「六四天安門事件二七周年記念集会」に集まり気勢を挙げた。

来日中だったラビア・カディール女史も駆けつけ、ウイグルにおける人権弾圧の現状を報告した。このほかダライ・ラマ猊下日本代表のルントック氏も演壇に立った。中でも注目されたのが天安門事件当時北京大学一年生、学生指導者として指名手配第一号となった王丹が記念講演に立ったことだろう。

ところが筆者は王丹氏の講演を聞いて苛立ちを隠せず名状しがたい違和感を抱いた。

彼は八九年六月三日に現場を離れたので実際に広場で何が起きたかは知らないと言った。また潜伏先に関しては公開しないのがルールだからおくにしても、なぜ米国に亡命できたのか背後の力関係や米国のコネクションに関しては語ることがなかった。そればかりか中国共産党を「打倒する」との決意表明がなく、語彙《ごい》は極めて選ばれたもので活動家の言辞としては迫力にかけた。本人は自らを歴史学者と言った。

王丹は「理想」「勇気」「希望」という三つのキーワードを用い、中国の民主化を説くのだが、「国家は悪」「政府は必要悪」という立場で、中国の学生運動は「五四運動」の影響を受けたと語りだした。五四運動は、今日の解釈では学生、労働者が立ち上がった反日の原点ということになっているが、実態はアメリカの宣教師が背後で日本のイメージ劣化を仕掛けたもので、当時、中国に学生は少数、企業はほとんど存在せず、したがって労働者はいない。米国に仕組まれた五四運動が天安門事件の学生運動の思想的源泉というのは納得しがたい。つまり米国の歴史解釈の立場を援用しているにすぎない。

さらに王丹氏は「民主主義の基本は三権分立だけでは足りず、第四の権力としてのメディア、そしてメディアを監視する社会運動が必要である」となんだか、日本の左翼が聞いたら喜びそうなことを述べた。そのうえで台湾の「ひまわり学生運動」と香港の「雨傘革命」が「日本の安保法制反対のシールズ運動に繋がった」と総括し、会場はやや騒然となった。

日本の実情を知らないからか、それとも本質的にこの人物は反日家なのか。いや、あるいはアメリカでの生活が長すぎたためにすっかり民主主義なるものをアメリカのリベラリズムの主張と取り違えたのか。

理想とはなにかと問えば「北斗七星に喩《たと》えられ、いつも空を見上げ目標を失わない指標であり、どういう形態であろうが、学生運動は支持する」とした。アメリカで一〇年、ハーバード大学で歴史学の博士号を取得し、いま台湾の清華大学で教鞭《きょうべん》を取る王丹氏にはアメリカ流の民主主義ドグマが染みつき、市民社会（中国語は「公民社会」）の実現が夢であるという。「市民」とはじつに胡散臭《うさんくさ》い語彙である。

その昔、サルトルが「アンガージュ」（参加）と言いつのって若者を左翼運動に誘う煽動《せんどう》をしたように、あるいはサルトル亜流の大江健三郎の「ヘイワ」念仏のように中国の民主化という大目標はそこで論理が空回りするだけである。会場には虚しい空気が漂った。

一九八九年六月四日の天安門事件（これを「六四」という）当時の学生指導者たちの逃亡ルートはいまも謎のままだが、地下キリスト教ネットワークが支援したと言われる。その後、ウルカイシ（吾爾開希）が台湾で孤立し、柴玲ともう一人はファンドマネジャーとしてウォール街で活躍し、少数をのぞいて「詩を忘れたカナリア」となった。

かくて日本ばかりか世界中で言語空間はおかしくなり、その混乱を衝いて左翼的な人々が全体主義の隠れ蓑として「反戦」「反原発」「環境」「男女賃金格差」「同性愛結婚」「ヘイトスピーチ」など面妖な言葉による、新しい洗脳工作が継続されている。

ソ連末期、ソルジェニーツィンに代表されるような人間の呻《うめ》くような本質をえぐる本物の文学が出現した。サハロフ博士のような自由な論争が地下出版で行われ、西側は全体主義の体制のなかに呻吟《しんぎん》する知識人の真剣な声を聞いた。弾圧され、抑圧された思考・言語空間の中ではかえって人間は哲学を深める。時間に追われるような焦燥に駆られながら思索を続ける。

ところが市場経済を取り入れ、複数政党政治を行うようになった旧ソ連では、あれから感動で震えるようなロシア文学も感性を圧倒するような素晴らしい芸術も現れない。

替わって西側の亜流のような、ポストモダンのアーチストが輩出したとはいえ、それはロシアの深い根に基づいた芸術とはかけ離れたコスモポリタン流儀であっても、少しも土の臭いがしない。

中国でも共産主義全盛の頃には硬直化した「芸術」なるものが彫刻や絵画や、文芸作品になったが、世界文学を震撼《しんかん》させるような偉大な作品は何一つ現れなかった。改革開放以来、わずかに鄭義のグロテスク・リアリティの文学が出現したが彼も米国亡命以後、これという作品を書かず、またノーベル文学賞の莫言はガルシア・マルケスの亜流でしかない。

中国でもネットで世界情勢が把握できる時代となったのに、精神的には全体主義の呪いが解けたはずなのに、中国人は崇高な芸術作品を追求するのではなく、目の前のカネ、贅沢《ぜいたく》な物品に狂奔し、精神性は極度に軽視され、拝金主義全盛となった。

ならば日本は？

これほどの自由を享受している国でも、左翼の洗脳効果がまだ尾を引いていて本物の絵画や音楽、小説は現れていない。

「芭蕉《ばしょう》も西鶴《さいかく》もいない昭和元禄」は「平成元禄」となったが、過去に『源氏物語』や『古今集』を著して日本人の精神を高らかに謳歌《おうか》したのは昔話。それこそ「文学の真昼を経験した民族には夕暮れを待つしかない」（三島由紀夫『日本文学小史』）という悲惨な状況に埋没したままである。

グローバリズムの最先端を競うような亜流の思想か、黄昏《たそがれ》の芸術、文学しか望めないのだろうか。全体主義の呪いはむしろ現代の日本に残留しているのではないのか。

[著者紹介]

宮崎正弘（みやざき　まさひろ）

評論家

1946年金沢生まれ。早稲田大学中退。「日本学生新聞」編集長、雑誌『浪曼』企画室長を経て、貿易会社を経営。82年『もうひとつの資源戦争』（講談社）で論壇へ。

国際政治、経済などをテーマに独自の取材で情報を解析する評論を展開。中国ウォッチャーとして知られ、全省にわたり取材活動を続けている。

中国、台湾に関する著作は五冊が中国語に翻訳されている。

代表作に『日本が在日米軍を買収し第七艦隊を吸収・合併する日』『日本と世界を動かす悪の孫子』（ビジネス社）、『中国大分裂』（ネスコ）、『出身地で分かる中国人』（ＰＨＰ新書）など多数。最新作は『世界大地殻変動でどうなる日本経済』（渡邉哲也氏との共著、ビジネス社）。

日本が全体主義に陥る日

2016年12月23日　　第1刷発行

著　者　宮崎正弘

発行者　唐津 隆

発行所　株式会社ビジネス社

〒162-0805　東京都新宿区矢来町114番地 神楽坂高橋ビル5F

電話　03(5227)1602　FAX　03(5227)1603

http://www.business-sha.co.jp

〈カバーデザイン〉チューン　常松靖史

〈本文組版〉エムアンドケイ　茂呂田剛

〈印刷・製本〉シナノ パブリッシング プレス

〈編集担当〉佐藤春生　〈営業担当〉山口健志

ISBN978-4-8284-1929-9